금융자본주의의 폭력

Christian Marazzi, *The Violence of Financial Capitalism(Finanza bruciata)*,
Copyright ⓒ 2009 by Edizioni Casagrande,

 아우또노미아총서41

금융자본주의의 폭력
The Violence of Financial Capitalism

지은이 크리스티안 마라찌
옮긴이 심성보

펴낸이 조정환
책임운영 신은주
편집부 오정민 · 김정연
프리뷰 서창현 · 정명현

펴낸곳 도서출판 갈무리 등록일 1994. 3. 3. 등록번호 제17-0161호
초판인쇄 2013년 4월 14일 초판발행 2013년 4월 24일
종이 화인페이퍼 인쇄 중앙피앤엘 제본 은정제책

주소 서울 마포구 서교동 375-13호 성지빌딩 101호
전화 02-325-1485 팩스 02-325-1407
website http://galmuri.co.kr e-mail galmuri@galmuri.co.kr

ISBN 978-89-6195-065-7 94300 / 978-89-6195-003-9 (세트)
도서분류 1. 사회과학 2. 경제학 3. 정치학 4. 사회학 5. 철학 6. 지리학 7. 역사

값 17,000원

이 도서의 국립중앙도서관 출판시도서목록(CIP)은 e-CIP홈페이지(http://www.nl.go.kr/ecip)와 국가자료공동목
록시스템(http://www.nl.go.kr/kolisnet)에서 이용하실 수 있습니다. (CIP제어번호 : CIP2013001823)

금융자본주의의
폭력

The Violence of Financial Capitalism

부채위기를 넘어 공통으로

크리스티안 마라찌 지음
Christian Marazzi

심성보 옮김

일러두기

1. 이 책은 Christian Marazzi, *The Violence of Financial Capitalism*, Semiotext(e), 2011를 완역한 것이다.
2. 지은이 주석과 옮긴이 주석은 같은 일련번호를 가지며, 옮긴이 주석에는 [옮긴이]라고 표시하였다.
3. 단행본, 전집, 정기간행물에는 겹낫표(『』)를, 논문, 논설, 기고문 등에는 홑낫표(「」)를, 단체명, 행사명, 영상, 전시, 공연물, 법률, 조약 및 협약에는 가랑이표(〈 〉)를 사용하였다.

문제는 최선을 염려하거나 희망하는 게 아니라,
새로운 무기를 발견하는 데 있다.

질 들뢰즈 Gilles Deleuze

차례

금융자본주의의
폭력

감사의 글

이 텍스트의 초판은 안드레아 푸마갈리Andrea Fumagalli 와 산드로 메짠드라Sandro Mezzandra가 편집한 『위기에 처한 전지구적 경제, 금융시장, 사회적 투쟁, 그리고 새로운 정 치적 시나리오』*Crisis in the Global Economy, Financial Markets, Social Struggles, and New Political Scenarios* (Semiotext(e), 2010)에 실렸 다. 여기에 내가 에세이를 실을 수 있었고 또 이를 다소나마 수정보완하여 [단행본으로] 재출간할 수 있었던 까닭은 지안 프란꼬 모르사또Gianfranco Morosato 덕분이다. 모르사또는 저 책을 공동편집했을 뿐만 아니라 옴브레 코르떼Ombre Corte사 를 책임지고 있다. 먼저 그에게 감사를 표한다. 또한 스비 쩨라이딸리아나 대학 경영사회과학부Dipartimento di Scienze

Aziendali e Sociali della Scuola Universitaria Professionale della Svizzera Italiana (SUPSI)에 재직 중인 동료들에게 감사하고 싶다. 이들은 이번에 출간된 텍스트를 검토하고 논평해 주었다. 특별히, 스빠르따꼬 그레삐Spartaco Greppi와 페데리꼬 코르보드 Federico Corboud를 언급하고 싶다. 이들은 나를 도와 금융화에 관한 많은 문제를 심화시켜 주었고, 기꺼운 마음으로 자신의 재능과 시간, 우정을 나누어 주었다. 개인적으로 파비오 카사그란데Fabio Casagrande, 마테오 떼자기Matteo Terzaghi, 실바노 또삐Silvano Toppi에게 감사를 전한다. 이들의 격려가 없었더라면, 이 작업이 이렇게 빨리 세상에 나오지 못했을 것이다.

폭력적인 금융

다음과 같은 사실이 밝혀지자, 2007년 6월 폭탄은 터지기 시작했다. 베어스턴스Bear Stearns가 운영하는 헤지펀드 두 곳은 서브프라임 담보부 자산에 투자했고 이에 따라 38억 달러에 달하는 채권을 매물로 팔아야 했다. 문자 그대로, 일 분 만에, 월스트리트의 가장 중요한 투자은행 가운데 한 곳이 주당 2달러라는 굴욕적인 가격으로 제이피모건 체이스JP Morgan Chase에 매각되어야 했다. 48시간 전만 해도, 베어스턴스의 주식은 주당 30달러였다.

일 년 후에도, 파산의 물결은 이어졌다. 워싱턴 뮤추얼Washington Mutual, 와코비아Wachovia, 페니메이Fannie Mae, 프레

디맥Freddie Mac, 에이아이지AIG, 리먼브라더스Lehman Brothers
가 쓰러졌고, 곧이어 시티그룹Citigroup, 뱅크오브아메리카
Bank of America, 노던락Northern Rock, 유비에스UBS, 뱅크오프스
코틀랜드Bank of Scotland를 비롯한 수많은 금융기관이 파산
했다. 그러자 사람들은 깨닫기 시작했다. 리먼브라더스의
파산은 실제로 일회성 에피소드가 아니며, 전체 은행 시스
템은 전례 없는 위기에 빠져 있다고 말이다. 이미 2007년
12월, 5대 통화권역[1]의 중앙은행은 민간은행의 부양을 위
한 공동보조를 선언했다. 2008년 1월, 유럽중앙은행Central
European Bank과 미국연방준비제도 이사회Federal Reserve, 국
립스위스은행은 추가적인 금융조치를 단행했다. 이때부터
은행과 금융 시스템을 구제하기 위한 일련의 개입이 숨 막
히게 진행되었다. 노벨 경제학상을 수상한 폴 크루그먼Paul
Krugman은 오바마 행정부의 최근 조치(2009년 3월)[2]를 최
악의 재앙이라고 즉각 비난했다.

파생금융상품이 유발한 수렁은 측량할 길이 없어 보였
다. 공공부문 적자는 몇 달 만에 2차 세계대전 수준으로 뛰

---

1. [옮긴이] 5대 통화권역은 미국의 달러, 유럽연합의 유로, 일본의 엔, 중국
의 위안, 영국의 스트링화 들을 가리킨다.
2. [옮긴이] 미국의 오바마 행정부는 2009년 3월 1조 7천억 달러의 양적완화
조치를 취했으며, 이를 포함해 당시까지 공식적인 지원금액은 12조 8천억
달러 정도였다. 그런데 2009년 7월 미국 의회보고서에 따르면, 금융시스
템 정상화에 필요한 재정규모는 최소 23조 7천억 달러에 달했다.

어울랐으며, 지정학적 시나리오는 필요에 따라 수정되고 있었고, 위기는 가라앉기는커녕 가차 없이 확산되어 고용과 임금, 은퇴 생활을 대부분 파괴해버렸다. 다시 말해, 전체 인구의 실제 삶을 파괴해 버렸다.

이번 위기는 일련의 위기 가운데 있는 위기이다. 다시 말해, 오랫동안 지속되어왔고 십중팔구 앞으로도 지속될 위기이다. [2010년] 4월 2일 런던에서 개최된 주요 20개국 정상회의G20에서 알 수 있듯이 이번 위기는 폭력적인 위기, 정확히는 폭력적인 금융의 위기이다. G20은 개입 조치들을 통해 세계경제를 회생시켜보려 했지만, 이러한 조치들은 수십 년 동안 경제의 금융화를 통해 누적된 문제의 심각성을 단지 부분적으로만 반영하는 것이었다. 또한, 이번 위기는 전반적인 경제적, 정치적, 문화적 모델이 내재적인 모순의 압력으로 붕괴하는 체제적 위기이다. 다시 말해, 분노와 각성, 불신과 항의가 치솟아 자본주의의 한계 자체를 문제시하는 위기이다.

1장

위기의 탄생

위기의 탄생

금융자본주의의 위기를 해석하기에 앞서, 작년[2009년]에 부동산과 은행의 거품이 터지면서 나타난 거시경제 상황과 전지구적 금융의 상태를 몇 가지 짚고 넘어가는 게 유용해 보인다. 그러니까, 우선 자유주의 전지구화를 찬양하는 지식인, 마틴 울프Martin Wolf가 『파이낸셜 타임즈』*Financial Times*에 실은 기사(2009년 1월 7일)를 인용해보자. 여기서 울프는 미국 연방정부의 기록적인 적자 확대와 전 세계 중앙은행의 신용 팽창이 불가피하다고 보지만 그럼에도 그러한 조치들이 **일시적 효과**에 그칠 뿐 정상적인 지속적 성장률을 회복하기 어려울 거라고 전망한다. 따라서 이렇게 말할 수 있다. 2009년 이후 앞으로 우리는 [일시적인] 거짓

false 회복의 연속을 목격하게 될 것이다. 즉, 경기침체가 반복되면 정부는 곧바로 위기 억제를 위한 조치를 취할 테고 이에 따라 주식시장은 등락을 거듭하게 된다. 간단히 말해, 우리는 적어도 당분간은 누구도 확실한 처방을 내릴 수 없는 체제적 위기, "근본적 변화"를 요구하는 위기에 직면해 있다. 통화정책은 경기가 후퇴할 때 경제 촉진에 어느 정도 도움이 되지만, 오늘날 우리가 경험하고 있듯이 경제가 공황적 위기로 접어들면 전혀 쓸모없다. 왜냐하면, (『이코노미스트』*The Economist*가 "역사상 가장 거대한 버블"로 칭하는) 오늘날 위기는 1990년대 일본이 경험했던 것과 몇 가지 측면에서 유사하기 때문이다. 당시 일본처럼, (금리 인하, 유동성 공급, 환율 개입, 지준율[1] 상승과 같은) 통화 개입의 전달 경로는 고장 난 듯이 보인다. 다시 말해, 아무리 통화를 공급해 신용을 자극해봤자 이는 소비를 회복해야 하는 기업과 가계로 전달되지 않는다. 한편 일본의 위기와 오늘날 위기의 차이 또한 존재한다. 일본의 경우,

---

1. [옮긴이] 이는 지급준비율의 줄임말로, 금융기관의 예금 가운데 일정액을 의무적으로 중앙은행에 적립해야 하는 비율을 말한다. 처음에는 급격한 예금 인출에 대비해 예금자를 보호하기 위해 도입되었으나, 오늘날에는 기준금리와 더불어 시중 통화량을 조절하는 주요 정책수단으로 사용되고 있다. 중앙은행, 가령 한국은행이 지급준비율을 높이면 은행의 예금이 줄어들기 때문에 결국 시중 유동성을 흡수하고, 반대로 지준율을 낮추면 돈을 푸는 효과가 발생한다.

버블이 폭발하자 1980년대까지 국내총생산GDP의 17퍼센트를 차지하던 자본 투자가 급격히 감소했다. 반면에, 최근 미국에서 발생한 위기는 GDP 가운데 70퍼센트를 차지하고 있는 미국의 가계 소비에 직격탄을 날렸다. "세계적으로 미국인 소비자 비중이 으뜸이기 때문에, 버블 붕괴 이후 미국의 침체가 전 세계에 미치는 영향은 일본에 비할 바 없이 심대할 수 있다."[2]

메릴랜드 대학교의 카르멘 라인하트Carmen Reinhart와 하버드 대학의 케네스 로고프Kenneth Rogoff가 수행한 연구를 토대로[3], 우리는 이번 위기가 어떤 측면에서 지난 수십 년 이래로 가장 심각한지를 알 수 있다. 두 저자가 돌이켜 언급하듯이, 현재와 같은 은행 위기는 적어도 2년 동안 지속될 것이고 이에 따라 GDP는 심각하게 감소할 것이다. 주식시장은 심각할 정도로 붕괴하고, 부동산 자산의 실질가격은 6년 동안 평균 35퍼센트 정도 하락하며, 부동산을 제외한 자산 가격은 3~4년에 걸쳐 55퍼센트 떨어질 것이다. 평균 실업률은 4년 동안 7퍼센트로 상승하지만, 이에 비해 생산량은 9퍼센트 가량 감소할 것이다. 게다가, 공채公債의

---

2. Stephen Roach, "US Not Certain of Avoiding Japan-Style 'Lost Decade,'" *Financial Times*, January 14, 2009

3. "The Aftermath of Financial Crises," December 2008, http://www.economics.harvard.edu/faculty/rogofff/files/Aftermath.pdf

실질 가치는 평균적으로 86퍼센트 정도 상승하게 될 것이다. 공채 가격의 상승은 은행의 자본재편recapitalization 4에 들어가는 비용 때문이지만, 이는 극히 일부에 불과하고 실제로 대부분은 조세 수입의 감소 때문에 유발된다.

이번 위기는 **전지구적**으로 전개된다는 점에서 최근에 발생한 위기들과 확연히 구별된다. 오늘날 위기와 달리, 최근의 위기들은 통상적인 경우처럼 지역적으로 진행되었다. 예전처럼, 미국이 나머지 국가들로부터 자금을 공급받을 수 있다면, 위기의 전염은 지역적 범위에 국한되었을지 모른다. 왜냐하면 저축이 남는 국가들이 미 재무부 채권을 매입하여 자금을 공급하기 때문에, 미국 정부는 광범위한 조세 프로그램과 통화 부양책을 효과적으로 사용할 수 있다. 하지만 현재와 같은 [세계 경제] 상황에서, 끝까지 미국을 도울 수 있는 나라가 있을까? 오늘날 곤란은 다음과 같은 사실에서 발생한다. 즉, 이번 위기는 그것이 전지구적인만큼, 비록 불균등한 형태였지만 지난 수십 년 동안 전지구적 경제를 성장시켰던 동력 자체를 파괴했다. (미국처럼) 구조적으로 생산이 부족한 국가들의 수요가 (중국, 일본, 독일처럼) 구조적으로 생산 과잉인 국가들을 견인하는

---

4. [옮긴이] 자본재편(recapitalization)은 일반적으로 기업의 부채를 줄이고 자본을 늘리는 자본구조 변경을 뜻하며, 달리 말해 자본수정이나 재무구조개선을 말한다.

구조 말이다. 그렇지만, 민간 지출이 전지구적 차원에서 붕괴해버리면, 미국의 수요를 끌어올리는 시도만으로는 더 이상 충분치 않다. 말하자면, 심지어 생산 과잉 상태인 신흥국을 포함하여, 전지구적 차원에서 수요를 회복시킬 조치들이 필요하다. 현재로서는 선진국에서 발생한 국내 수요 감소분을 신흥국들이 상쇄할 수 없을 것 같다(이를 **탈동조화**decoupling 현상이라고 부른다). 왜냐하면 신흥국들이라고 해서 위기의 심각한 침체 효과를 벗어날 수 없기 때문이다. 그럼에도 불구하고, 세계은행World Bank의 추산에 따르면, [신흥국의] 성장률은 중국, 인도, 러시아, 남아메리카 국가들 사이에 상당한 차이는 있겠지만, 적어도 중기적(2010~15년)으로는 평균 4~5퍼센트 선에서 유지될 전망이다. 이러한 가능성은 다음과 같은 사실에 근거를 두고 있다. (지난 5년 동안 신흥국 GDP 가운데 평균 35퍼센트를 차지하고 있는) 총수출 측면에서, 선진국 비중은 20퍼센트에 불과하지만 신흥국들 내부 거래는 15퍼센트를 점유하고 있다.[5] 아무튼, 전 세계적으로 필요한 수요를 견인할 수 있으려면, 신흥국들은 국내 임금을 상승시키는 한편, 자신의 저축을 서양 적자국이 아니라 국내 수요에 융

---

5. "Emerging Markets: Stumble or Fall?", *The Economist*, January 10, 2009.

통해야 한다. 이는 엄청난 구조적 불균형에도 불구하고, 혹은 바로 그러한 불균형 덕택에, 전지구적 경제를 작동시켰던 동일한 메커니즘을 통해, 세계적인 금융과 통화의 순환을 강제로 되돌리는 일이다. 따라서 위기 **이후**에는 신흥국들이 경제적 헤게모니 세력으로 등장할 공산이 크다. 이때 선진국의 저축은 신흥국에 투자될 것이고, 이에 따라 자본의 흐름은 역전되어 선진국의 소비 수준은 약간 하락할 것이다. 그렇지만, 어느 누구도 이번 위기의 **지속기간**을 전망할 수는 없다. 그래서 경제적 역량뿐만 아니라, 정치적 역량이 매우 중요하다. 그러한 역량을 통해, 이미 명확히 분출하고 있듯이 확대일로에 있는 다양한 사회적, 정치적 모순이 관리되는 것이다.

따라서 우리는 선진 적자국, 특히 미국의 수요 추세를 주목하지 않을 수 없다. 2007년 3사분기부터 2008년 3사분기 사이에 미국의 수요 추세를 살펴보면, 민간자금대출의 수요는 13퍼센트 감소했다. 이로부터 알 수 있듯이 순저축은 몇 년 동안 플러스 상태에 머물 수밖에 없다. 게다가 이런 상황은 미국에만 국한되지 않는다. 달리 말해, 개인은 어떻게 해서라도 부채를 줄이려고 할 것이고, 이는 아마도 민간 소비를 부양하려는 통화 정책을 무력화시킬 뿐이다. 잠시, 민간 부문의 재정 흑자(즉, 소비 감소)를 GDP의 6퍼센트로 상정하고 무역수지의 구조적 적자를

GDP의 4퍼센트로 잡은 다음, 앞서 울프의 논문이 제시한 대로 이를 추산해보면, 대내외 수요의 감소를 상쇄하는 데 필요한 [정부의] 조세 적자는 GDP의 10퍼센트에 달한다. 그것도 "무기한으로!" 말이다. 특히 현재 미국 연방정부의 적자가 이미 GDP의 12퍼센트로, 2차 세계대전에 맞먹는 수준임을 감안할 때, 저러한 규모의 공적 부채를 "적절한 기간 안에" 줄이려면 엄청난 노력이 요구된다.

이걸로도 충분하지 않다. 또한 우리는 다음을 명심할 필요가 있다. 명목 금리가 제로에 가까워지고 가격이 하락할 경우(즉 디플레이션이 발생하면), 이 때문에 기업들은 부채 상환에 어려움을 겪게 된다. 이러한 상황에서, 실질 금리는 치솟게 되고 결국 부채 상환은 많은 비용을 동반하게 된다. 정확히 바로 이 때문에, 2차적인 은행 위기가 연쇄적으로 발생할 수밖에 없다. 미셸 아글리에타Michel Aglietta가 언급하듯이, "이러한 상황에서 은행들은 이차적인 금융충격, 즉 기업 부채의 파산에서 유발되는 수익률 하락 위험을 무릅쓰고 있다. 이는 경제적, 금융적 디플레이션이 부채 상환과 악순환에 빠질 때 경기 침체가 어떻게 확대 재생산되는지를 보여준다."[6]

---

6. *La crise. Pourquoi en est-on arrivé là? Comment en sortir?*, Michalon, Parigi, 2008, p. 118.[미셸 아글리에타, 『위기, 왜 발발했으며 어떻게 극복할 것인가』, 서익진 옮김, 한울, 2009 — 옮긴이]

폴 크루그먼에 따르면, ([2010년] 1월 11일 상하 양원에서 7천 895억 달러로 감축되긴 했지만) 오바마 정부가 제안한 8천 250억 달러에 달하는 경제 부양책은, 위기시기에 나타난 잠재 성장[률]과 실제 GDP 성장[률]의 "산출 격차"를 메우기에는 턱없이 부족하다. "생산량에 대한 충분한 수요가 있다면, 미국은 향후 2년 동안 30조 달러를 상회하는 재화와 서비스를 생산할 수 있다. 하지만 소비 지출과 기업 투자의 급격한 감소를 감안할 때, 미국 경제의 생산 능력과 판매 능력 사이에는 엄청난 격차가 존재한다. 따라서 오바마 정부의 계획은 이러한 "산출 격차"를 메우기에는 한참이나 모자란다. 이윽고, 크루그먼은 오바마 정부가 보다 과감한 조치를 취하지 않는 까닭을 의아해 한다. 분명 대규모 정부 부채에는 위험이 따르지만, 오히려 부적절한 조치는 일본처럼 장기 디플레이션 함정에 빠져드는 꼴을 낳는다. 다시 말해, 개입 조치가 적절하지 못하면 악순환에 빠질 수밖에 없다(정부 지출은 2조 1천억 달러에 불과했다7). 나아가, 크루그먼은 자금을 투입할 데가 없어서 오바

---

7. [옮긴이] 참고로, 2011년 8월 1일자 『뉴욕타임즈』 칼럼에서 크루그먼은 오바마 행정부와 의회의 타결안을 '재앙'이라고 비난했다. 당시, 오바마와 의회는 국채 한도증액을 2조1천억 달러로 한정하고 향후 10년간 단계적인 재정감축을 시행하기로 했는데, 이는 경제회복에 턱없이 부족한 예산이었다.

마의 계획은 한계에 이를 거라고 우려한다. "그나마 공적 투자계획은 몇 가지 "단기 건설사업"shovel-ready, 즉 경제를 단기간에 재빨리 부양할 수 있는 계획으로 채워져 있다. 하지만 다른 형태의 공공 지출, 특히 의료서비스에 대한 지출도 상상해볼 수 있다. 이런 지출은 경제에 유익할 뿐만 아니라 정말 필요할 때 경제를 부양할 수 있다." 그렇지만 또다시 오바마는 정치적 보신주의에 따라 결정을 내린다. 다시 말해, 오바마는 공화당의 지지를 얻기 위해 경제 계획의 최종 지출을 1조 달러 아래로 억제하는 게 아닐까?[8]

오바마의 계획에서 공적 지출(의료서비스, 인프라 및 교육 투자, 압류 위험이 높은 주택소유자의 보조금)은 60퍼센트에 불과하고 세금 감면이 나머지 35퍼센트를 차지한다. 그러나 조셉 스티글리츠Joseph Stiglitz가 『파이낸셜 타임즈』와의 인터뷰[9]에서 촉구했듯이, 미국은 현재 위기 국면에서 실패할 게 빤한 감세정책으로 재정을 낭비하지 말아야 한다. 예를 들어, 2008년 1월에 시행된 50퍼센트 감세는 단지 제한적인 소비증가를 가져왔을 뿐이고, 대신에 증가한 가처분 소득은 민간부채를 줄이는 데 대부분 사용

---

8. "The Obama Gap," *The New York Times*, January 9, 2009
9. "Do not Squander America's Stimulus on Tax Cut," *Financial Times*, 16 January, 2009.

되었다. 오늘날, 아마도 소비 성향이 매우 높은 가난한 가계를 제외하면, 감세 조치는 거의 전적으로 부채상환에 사용될 공산이 다분하다. 오히려 감세 정책을 꾸준히 밀고가려면, [가계에 대한 감세보다는] 가급적 혁신적인 기업들이 투자를 증가하도록 촉진하는 게 더 낫다. "인프라와 교육, 그리고 기술에 대한 지출은 자산을 창출한다. 이들 자산이 장래에 생산성 증가를 가져올 것이다."

일반적으로 국가의 경제부양은 미국처럼 재량 지출 discretionary expenditures을 늘려서 유발되거나, 유럽처럼 사회적 지출 증가에 따른 거의 자동적인 효과 때문에 발생한다. 하지만 어느 쪽이든 간에, 결국 국가의 위기관리는 채권시장에서 자본을 차용할 수 있는 능력에 달려있다. 2009년에 발행된 공채의 규모는 상상을 초월한다. 미국의 경우, 발행 가액은 최소 2조 2천억[10] 달러, 아마도 2조 5천억 달러로 추정된다. 이는 GDP의 14퍼센트에 이르는 금액이다. 영국의 경우, GDP의 10퍼센트에 달하는 2천150억 달러의 공채를 팔았다. 뿐만 아니라, 독일을 비롯한 전 세계 각국도 엄청나게 공채를 찍어냈다. 물론 독일은 처음에는 앵글로색슨 식의 조세 정책에 반기를 들었지만 말이다(애

---

10. [옮긴이] 원문에는 22억 달러로 표기되어 있지만, 미국 GDP 규모가 15조 달러 내외이고 실제 미국정부의 양적완화 정책 규모로 볼 때, 2조2천억 달러로 추정된다.

초에 메르켈 총리는 조세 정책을 "멍청한 케인스주의"라고
비난했다).

미국은 채권시장에서 자본을 동원해 증가 일로에 있는
적자를 메우고자 한다. 원칙적으로, 이러한 시도는 별다른
문제가 없어 보인다. 특히, 지금 우리가 경험하고 있는 디
플레이션 시기, 즉 금리가 지속적으로 하락하고 있는 국면
을 감안하면 더욱 그래야 한다(채권 투자자가 볼 때 금리
하락은 사실상 고정적이고 비교적 높은 수익을 뜻한다[11]).

그런데, 한편으로는 [양적 완화에 따른 통화] 시장의 인
플레이션이 붕괴되어 [금리가 상승할] 거라는 기대가 존재
하고, 다른 한편으로는 (통상 인플레이션, [즉 금리하락]에
따라 유발되는) 세입 증가가 정부 부채 증가를 따라가지
못할 거라는 기대가 상존한다. 이러한 기대에 따라, 재무
부 채권에 대한 실질 이자율[금리]tax interest rate은 이미 상승
하고 있다. 경제적으로 가장 부유한 국가들도 상황은 대동
소이하다. 실제로, 국제적인 공채 투자자들은 국가 디폴트
위험을 예방하기 위해 [가산 금리를 붙여] 매우 높은 명목

---

11. [옮긴이] 일반적으로 채권가격과 금리(즉, 화폐의 가격)는 반대방향으로
움직인다. 예를 들어, 투자자가 채권과 적금 가운데 한 가지를 선택한다고
하자. 만일 시중금리, 즉 적금의 이자가 지속적으로 하락할 경우, 채권 투
자자는 약정된 채권수익을 보장받으므로 은행에 적금하는 것보다 높은
이익을 얻는다. 반대의 상황이 벌어지면 채권 투자자는 손해를 보게 될 것
이다.

수익과 실질 수익을 요구하고 있다. 애널리스트들에 따르면, 시장은 가격 왜곡을 암시하는 경제적 버블의 신호를 보내고 있지만, "그럼에도 불구하고 각국 정부가 차입을 시도함에 따라 실질 금리가 상승하는 교란이 일어나고 있다."[12] 스페인, 포르투갈, 그리스, 아일랜드, 이탈리아 같은 나라의 경우, 2007년 이전에도 국채에 대한 차등 수익differential earnings은 독일에 비해 훨씬 높았지만, 2008년 12월 이후에는 공공 적자에 자금을 조달하기가 눈에 띌 정도로 어려워지고 있다.

알폰소 뚜어Alfonso Tuor는 세계적 차원의 공적 채무의 위기가 가져온 결과를 다음과 같이 요약했다. "[공적 채무를 확대하는] 이런 정책은 [역설적으로] 국가가 공적 채무에 자금을 조달하는 수단인 채권에 대한 신뢰의 위기를 단기적으로 유발한다. 전조는 차고도 넘칠 정도다. 가장 최근의 신호는 영국에서 도착했다. 잉글랜드은행은 1천억 유로 이상의 공채를 매입하려고 했지만, [채권에 대한 신뢰 위기로 채권가격이 상승하자] 결국 공채 경매에 성공하지 못했다. 이는 지난 7년 동안 처음 있는 일이다. 공공 채무의 위

---

12. Chris Giles, David Oakley, and Michael Mackenzie, "Onerous isuance," *Financial Times,* January 7, 2009. 또한 다음을 참조하라. Steve Johnson, "Inflation Fears to Hit Debt Auction," *FT Weekly Review of the Fund Management Industry,* March 30, 2009.

기가 발생하면, 중앙은행들이 후속적인 개입을 급격히 확산시키기 마련이다. 중앙은행들은 대규모로 부채를 매입해야 하고 결국 통화를 대량으로 발행해야 한다. 이로 인한 결과는 무엇인가? 깜짝 회복을 동반하더라도 결과적으로 강력한 인플레이션이 발생할 것이다. 게다가 일부 국가들은 통화 위기와 함께 하이퍼인플레이션hyperinflation 13을 겪게 될 것이다(영국과 미국을 유력한 후보로 꼽을 수 있다). 이는 시민들 입장에서 개인 저축과 은퇴 자금을 공중으로 날려버린다는 뜻이지만, 금융 지배층에게는 거대 은행들이 보유한 엄청난 유독성 상품14의 가치를 일거에 파괴하는 이상적인 수단이다."15

유로가 출범한 지 10년이 지났지만, 시장은 유로존 안에서도 국가 위험도에 따라 정교한 차등을 매기면서 작동하고 있다. 이는 회원국들이 통화를 창조하거나 공동채권을 발행한다고 해서 쉽게 해결될 문제가 아니다. 이렇게

---

13. [옮긴이] 하이퍼인플레이션(hyperinflation)은 초(超)인플레이션이라고도 한다. 이는 급격하게 발생한 인플레이션으로 물가 상승이 통제를 벗어난 상태를 말한다. 보통, 정부나 중앙은행이 통화량을 과도하게 증대시키거나 생산량이 소비량을 따라가지 못할 경우 하이퍼인플레이션이 나타날 수 있다.

14. [옮긴이] 유독성 상품은 상품가치가 떨어져 '휴지조각'으로 변한 불량자산이거나 앞으로 원금을 회수할 수 없는 금융상품을 말한다. 자세한 내용은 부록의 용어 해설을 참조하라.

15. "Chi pagherà il conto della crisi?," *Corriere del Ticino*, March 27, 2009.

하려면 유로존의 강대국들이 손해를 감수해야 한다. 따라서, 이는 유럽연합 국가들의 정책, 특히 사회 정책을 실질적으로 통합하는 문제를 긴급히 제기한다.

상황이 이렇다면, 소수의 투자자들은 매우 높은 가격으로 발행되는 공채를 매입하려 하고, 이에 따라 크라우딩아웃[16](즉, [투자자들이] 사채시장을 떠날) 위험이 완연히 실현된다. 민간 기업과 정부가 채권시장에서 경쟁하게 되면, 위기 극복은 보다 요원해진다. 관련 기업들은 사채를 높은 비용을 치루고 발행해야 하기 때문이다. 이때, 국가는 어쩔 수 없이 기업의 채권을 매입하여 민간 기업을 직접적으로 지원하기도 한다. 실제로, 미국은 자동차 회사를 이렇게 지원했다. (물론, 국가가 주주로서 투표권을 행사하진 않지만) 이런 조치는 비금융기업의 준準 국유화 과정의 초기 단계라 할 수 있다. 이런 절차에 뒤이어, 지난 몇 달 동안에 일어났듯이, 은행과 금융 부문에 중앙은행이 개입하는 조치가 취해질 수 있다. 이렇게 가설대로 세계 경제가 다시 작동하면, 크라우딩아웃의 반대 과정, 즉 공채

---

16. [옮긴이] 크라우딩아웃(crowding out) 현상은 국가가 국채를 대량으로 발행하여 금융시장과 자본시장의 자금을 흡수함으로써, 오히려 민간 기업의 자금조달이 어려워지는 상황이다. 정부가 높은 금리를 붙여 채권을 발행하므로 민간 자금은 국채로 흡수되고, 결국 전반적인 금리 수준이 상승하게 되어 기업의 자금조달이 어려워진다. 따라서, 이른바 정부와 민간이 서로를 구축(拘縮)하게 된다.

가 아닌 사채 쪽으로 투자자들이 몰리는 현상이 나타나게 되고, 결과적으로 모든 채무국의 원리금 상환은 상당히 개선될 것이다.

알폰소 뚜어가 쓴 대로, "위기 극복의 희망은 뙤약볕 아래 눈처럼 녹아내리고 있다. 일련의 부정적인 사건으로 인해 순진해 빠진 낙관론자마저도 낙담하고 있으며, 11월 내내 주가는 연일 최저치를 갱신하고 있고 있다."[17] 구 소비에트 블록 국가들은 수년 동안 유로화뿐만 아니라 스위스 프랑, 미국 달러, 일본 엔, 스웨덴 크라운을 유럽 은행들에서 차입했는데, 이를 통해 부족한 국내 저축을 보충하고 중소기업에 대한 신용을 확대할 수 있었고, 낮은 금리로 모기지 대출을 확대하고 부동산에 과잉 투자할 수 있었다. 그런데, 이들 국가가 위기에 빠지자 부메랑 효과처럼 유럽 은행들은 심각한 위험에 직면하고 있다. 유럽의 은행들, 특히 오스트리아, 이탈리아, 스웨덴의 은행은 헝가리, 슬로베니아, 슬로바키아의 은행 주식을 (최대 80퍼센트 정도) 보유하고 있다. 따라서 동유럽의 국민 경제가 지불 불능 상태에 빠지게 되면, 다시 말해 멕시코, 아르헨티나, 동남아시아 국가들과 매우 유사한 위기가 일어나서 유럽의

---

17. "Crisi dell'Est, nuovo incubo dell'Europa," *Corriere del Ticino*, February 19, 2009.

서브프라임 같은 위기가 발생하면, 이는 단순히 유럽 은행들의 문제뿐만 아니라 즉각 유럽연합의 문제로 비화된다는 말이다. 볼프강 뮌차우Wolfgang Münchau가 말하길, "위기는 미국에서 시작되었지만, 위기가 재앙으로 번지는 곳은 유럽이다."[18] 사태가 이렇다면, 동유럽 지역 통화의 연쇄적인 가치절하 때문에 발생하는 전염성 지급불균형을 예방하려 해도, 지원 정책이 전혀 먹혀들 것 같지 않다. 예를 들어, 국제통화기금IMF이 개입해도 동유럽 경제를 쉽사리 구제하지 못한다. 뮌차우가 의문을 표하듯이, "만일 환율이 더욱 떨어지게 되면, 국내 경제의 실패는 걷잡을 수 없이 심각해질 수 있다. 우리, 유럽인들은 그들을 도울 각오가 되어 있는가?" 유럽 시민들이 전설 속의 폴란드 배관공을 도우려고 손을 걷어붙이는 장면을 상상하기는 어렵다. 구소비에트 블록 경제가 붕괴하면서 유럽은 내부에서 분열하고 있으며, 이는 유럽연합의 미래를 의심하는 심각한 위협을 던져주고 있다.[19]

가장 유력한 시나리오에 따르면, 막대한 세수 적자가 천정부지로 쌓여감에도 불구하고, 세계적 차원의 대규모

---

18. "Eastern Crisis That Could Wreck the Eurozone," *Financial Times*, February 23, 2009.
19. "The Bill That Could Break up Europe," *The Economist*, February 28, 2009.

실업은 지속적으로 증가하고 소득과 부동산 수익rent은 일반적으로 감소한다는 것이다. 금융위기는 제조업과 세계 무역에 파괴적인 효과를 미치고 있다. 또한 수많은 사람들은 직장에서 잘리고 있고 무수한 공장들이 문을 닫고 있으며 엄청난 이주민이 출신 국가로 되돌아가고 있다.[20] 베어스턴스에서 위기가 시작되어 리먼브러더스, 아메리칸인터내셔널그룹American International Group, 시티그룹Citigroup으로 번지는 동안, 자유주의 정부들은 자본재편과 통화발행을 통해 은행, 금융, 보험 시스템을 구제하는 이른바 "사회주의적 전환"을 시도했다. 그렇지만 이러한 시도는 탈중앙화된 모든 부실 은행의 연쇄적 파산을 막기에는 턱없이 부족해 보인다. 불량 자산이 믿을 수 없을 정도로 엄청나기 때문이다. 뉴욕대학의 경제학자 누리엘 루비니Nouriel Roubini는 이렇게 언급하고 있다. "은행들이 위기 이전 수준으로 자본을 회복하려면, 대략 1조 4천억 달러가 더 필요해 보인다. 신용 고갈을 해결하고 민간 부문에 대출을 재개하려면, 저 정도 금액의 추가적인 대규모 자본재편이 요구된다. 결국 이러한 수치는 미국의 은행 시스템이 사실상 완전한 파산 상태에 있다는 뜻이다. 마찬가지로 영국 은행 시스템도 대부분 파산에 처한 것으로 보이며, 유럽 대륙의 수많은 은

---

20. "The Collapse of Manufacturing," *The Economist*, February 21, 2009.

행 역시 붕괴 상태에 처해 있다."21 민간 자본은 현재 확인된 손실과 앞으로 나타날 손실을 흡수하고 은행 자산을 재건하기에는 턱없이 부족하다. 이를 위한 자원은 (미우나 고우나) 공공 부문밖에 없다. 전체 은행 시스템이 파산할 지경에 이르렀다는 사실을 뒤늦게 깨달을수록 비용은 엄청나게 늘어나기 마련이다. 주요 은행을 국유화하는 복잡한 문제도 마찬가지다. (현재 미국 정부는 거대한 시티그룹의 자본금을 36퍼센트나 소유한 주요 주주이다. 상황이 이런데도 불구하고) 국유화 문제를 질질 끌수록 그 대가는 엄청날 것이다.

경제 부양책에도 불구하고, 아마 2년 후에도 모든 국가의 경제는 장기 불황 상태(스테그디플레이션22)에 빠져있

---

21. "It Is Time to Nationalize Insolvent Banking Systems," http://www.roubini.com/roubinimonitor/255507, February 10, 2009. [누비니의 견해는 다음 글을 참조하라. 누리엘 누비니 · 스티븐 미흠, 『위기 경제학』, 허익준 옮김, 청림출판, 2010 ─ 옮긴이.]

22. [옮긴이] 스테그디플레이션(stag deflation)이 벌어지면, 경기침체를 뜻하는 스테그네이션(stagnation)과 물가하락을 뜻하는 디플레이션(deflation)이 동시에 진행된다. 일반적으로 대표적인 사례는 부동산 거품이 붕괴한 1990년대 이후 일본의 장기침체를 들 수 있다. 누비니 교수에 따르면, 현재 위기와 관련하여 한편으로는 선진국들의 수요가 급감하고 세계적으로 생산용량과 상품재고가 쌓여간다. 다른 한편으로는 고용시장의 침체와 원자재 가격의 폭락이 나타난다. 이에 따라 경기침체 현상이 일어난다는 것이다. 그런데 이와 함께 디플레이션이 동반된다. 전 세계적으로 명목금리가 제로에 가까운데도, 각국 정부는 경기진작 목적으로 엄청난 양적완화 정책을 실시하고 있기 때문이다. 반대로, 스테그플레이션(stagflation)은 경

을 것이다. 마찬가지로, 각국은 [환율을] 평가절하하고 보호주의 조치(즉, 탈전지구화)를 취함으로써, 수요 할당 정책을 재도입할 수 있다. 이는 공공 적자를 부담할 수밖에 없는 납세자의 저항을 가능한 한 늦추기 위한 시도이다. 한편, 경제 및 통화 정책은 위기관리를 효과적으로 수행하지 못한다. 고전적인 케인스주의 정책에 따르면, 실물 경제를 자극하는 정부의 부양책에 따라 상품과 서비스, 투자재의 수요가 증가하지만, 이제 이러한 전달 경로가 사라지고 있다. 다른 한편, 국제 통화 환경에서 일어난 심대한 변형, 즉 전지구화로 인한 국가 주권의 위기를 반영한 그런 변형을 무시한 채, 새로운 브레턴우즈를 주장해봤자 헛소리에 불과하다. 대신에 뉴딜New Deal을 주장하려면, 다시 말해 "풀뿌리" 수준에서 소득과 고용, 신용 시스템을 지원하는 방식을 요구하려면, 우리는 혁신적인 정치적 방식을 통해 오늘날 위기의 탈주로를 구체화할 수 있는, 사회적 세력과 주체, 투쟁 형태를 분석해야 한다.

기침체와 물가상승이 동반되는 저성장, 고물가 상태를 뜻한다.

금융의 논리

2장

금융의 논리

금융화 과정은 지금 우리가 겪고 있는 위기를 가져왔지만, 이번 과정은 지난 20세기 동안 등장했던 다른 금융화 국면과 판이하다. 고전적인 금융위기는 경제순환 상의 한 지점, 특히 순환의 마지막에 나타났는데, 이것은 한편으로 국제적인 자본주의 경쟁에 따른 이윤율 하락과 결부되어 있으며 다른 한편으로 국제 노동 분업의 지정학적 균형을 침식하는 사회적 세력들과 결합되어 있었다. 따라서 20세기의 전형적인 금융화는 자본이 실물 경제에서 잃어버린 몫을 금융시장에서 만회하려는 시도를 뜻했다. 물론 그러한 시도는 다소 "기생적"인 동시에 "필사적"이었다. 위대한 금융사학자 찰스 킨들버거Charles P. Kindleberger가 보여준 대로, 17세기 이래 금융 순환은 언제나 정확한 순서대로 진행되었다. 먼저 자극 단계에서 사람들은 집단적으로 주식시장에 도취되어 과잉거래를 일삼는다. 다음으로 공포와 혼란의 단계가 나타나고, 곧이어 합병의 단계로 진입한 다음 마지막에 재조직의 단계로 끝맺는다. "과잉거래 단계에서, 금융 활동은 점점 더 미친 듯이 돌아가고, 사람들의 열망은 끊임없이 부풀어 오르며, 거래의 속도는 점차 가속화되고, 실물이든 가공이든 금융자산의 가격은 걷잡을 수 없이 오른다. 다시 말해, 부를 창조하는 것이라면 뭐든지 간에 가격이 천정부지로 치솟는다."[1] 맑스가 『자본』 3권에서 규정하듯이, "이자 낳는 자본", 이른바 "의제자본"이 축적되고 뚜렷이 집중된다. 은행은 주로 화폐를 자율적으로 발행함으로써 의제자본을 관리했으며, 사실상 의제자본은 20세기 금융화 과정의 두드러진 특성 가운데 하나를 전형적으로 보여주었다(물론 맑스는 이미 19세기 후반에 이 과정을 지적하고 있다). 결과적으로 금융위기는 실물 경제와 금융 경제 사이에 존재하는 모순적 관계를 바탕으로 했다. 그런데 이 모순적 관계는 오늘날 더 이상 동일한 형태로 현상하지 않는다.

오늘날 금융 경제는 곳곳에 침투해 있다. 다시 말해,

---

1. M. Aglietta, 앞의 책, p. 8.

금융 경제는 경제순환 전체에 걸쳐 퍼져있다. 그러니까, 금융 경제는 경제순환과 처음부터 끝까지 공존한다. 비유적으로 말해, 우리가 슈퍼에서 장을 보고 신용카드를 사용할 때마다 금융은 어김없이 나타난다. 일례를 들어, 자동차 산업은 (할부와 리스 등) 신용 메커니즘에 따라 전적으로 작동한다. 따라서 제너럴 모터스General Motors의 문제는 자동차 생산과 관련된 만큼이나, 어쩌면 무엇보다도 지엠억셉턴스GMAC와도 관련된다. GMAC는 고객 신용을 전문적으로 제공하는 지엠의 자회사로서, 오늘날 고객 신용은 자동차 판매에 필수적이다. 우리는 금융이 상품과 서비스의 생산과 **동질적인** 시대를 살아가고 있는 셈이다.

금융화는 [전통적인 방식처럼] 생산재와 임금에 재투자되지 않는 산업 이윤을 동력으로 하지만, 이것 말고도 오늘날 금융화는 매우 다양한 원천을 가지고 있다. 먼저, 금융부문 이윤은 배당금과 역외투자 수익에서 파생하고, 제3세계의 채무에서 수익이 발생하며, 신흥국에 대한 국제 뱅크론2도 이익을 가져다준다. 물론, 신흥국에 대한 국제

---

2. [옮긴이] 국제 뱅크론(bank loan)은 국제 은행 간 대부라고도 하며, 보통 은행 사이에 이루어지는 대차거래를 가리킨다. 원래 발전도상국에 대한 민간경제 협력방식의 하나로서, 일반적인 차관은 정부나 기업이 개도국 정부나 기업에 대해 자금을 대출하지만, 뱅크론 방식은 은행을 매개로 국제간 거래가 이루어진다. 뱅크론은 은행이 대부의 주체이기 때문에 특별한 규제를 받지 않으며, 금융세계화를 촉진하는 역할을 한다. 특히 국제적

뱅크론의 수익은 제3세계 채무를 가중시킨다. 천연자원 역시 잉여가치의 원천이 되며, 또한 부유한 가계와 개인이 비축한 금액은 주식시장, 퇴직기금, 투자펀드에 투자된다. 이처럼 "이자 낳는 자본"의 원천과 작인은 증가하며 확장되고 있다. 틀림없이, 이러한 현상은 오늘날 새로운 금융자본주의가 드러내는 특성으로서, 예전에는 볼 수 없었던 독특하고 문제적인 것이다. 특히, 우리가 다음과 같은 일의 성패를 가늠해보려면, 이 같은 특성은 매우 중요하다. 이러한 시스템을 변경하고 이에 "다시 자금을 융통하는"re-finance 일이 가능한지, 다시 말해 실물 경제와 금융 경제 사이에 "보다 균형 잡힌" 관계를 재구축하는 게 가능한지 말이다.

과거의 형태와 마찬가지로, 오늘날 금융화 역시 축적의 장애에서 시작한다. 축적 장애는 이윤이 직접적인 생산 과정(생산재를 뜻하는 불변자본과 임금을 말하는 가변자본)에 재투자되지 않는 상태이다. 실제로, 오늘날 금융화는 1970년대 포드주의 형태의 자본주의가 성장 위기를 맞아 시작되었다. 당시에는, 실물(산업)경제와 화폐경제의 분리에 기반을 둔 고전적인 금융화가 반복되는 현상이 전적으로 나타났다. 따라서 축적은 없지만 이윤을 보장하는

인 자금이동이 차관에서 뱅크론으로 이동함에 따라, 양질의 고용을 창출하는 장기적인 투자보다는 단기 수익성 투자가 주도하게 되었다.

금융시장으로 이윤량이 끊임없이 흘러들었다. 1980년대에 접어들자, "축적 없는 이윤의 성장 추세는 금융 버블의 일차적 원인이 되었다. 이 같은 성장은 두 가지 동력을 발판으로 했다. 한편으로는 임금이 전반적으로 감소했고, 다른 한편으로는 이윤율의 회복에도 불구하고 축적률이 침체, 즉 감소했다."[3] 여기서, 축적률이란 순자본량의 순성장을 뜻하며, 이윤율은 이윤과 자본의 관계를 의미한다. 두 가지 비율의 격차는 금융화를 암시하는 분명한 지표이며, 이 격차는 1980년부터 벌어지기 시작했다. 그렇지만, 산업 이윤이 재투자되지 않는 현상에는 금융자본 "축적"의 다른 원천들도 점차 영향을 미쳤다. 우리가 위기 성장의 핵심에서 포스트 포드주의 모델의 이행을 파악하려면, 이러한 사실을 염두에 두어야 한다. 특히, 금융화는 경제성장의 금융화 측면에서 은행이 자금 중계 기능을 줄이게 되는 과정(라인Rhein 모델보다 앵글로색슨 모델에 두드러진 방식)과 연관되며, 다른 한편으로 경제의 탈규제와 자유화로 인한 금융 중계의 **다변화** 과정과도 관련된다.

포드주의 생산양식은 오늘날 금융자본주의의 근간을 이루는 "주주 관리자 자본주의"로 이행한다. 실제로, 이러한 이행의 원인으로는 1960~70년대 발생한 (대략 50퍼센

---

3. Michel Husson, "Les enjeux de la crise," *La Brèche*, November 2008.

트에 이르는) 이윤 감소가 꼽히고 있다. 이윤 감소는 포드주의의 기술적, 경제적 토대가 무너졌기 때문이었다. 특히, 대량 소비재 시장은 포화 상태에 도달했으며 생산과정, 즉 불변자본은 유연하지 못했고 노동자 임금은 정치적으로 "하방 경직적"[4]이었다. (불변자본과 가변자본의 관계를 뜻하는) 자본의 유기적 구성 측면에서, 포드주의적 자본주의는 발전의 정점에 이르자, 노동계급의 산노동living labor에서 잉여가치를 더 이상 "뽑아" 낼 수 없었다. "따라서, 1970년대 후반부터, 세계 경제의 일차적인 추진력은 자본주의 기업들이 이윤율을 회복하려는 가차 없는 시도였다. 특히 소유주와 투자자의 요구에 따라, 기업들은 갖은 수단을 동원해 20년 전에 정점을 찍었던 수준으로 이윤율을 회복하려고 했다."[5] 우리는 이것이 어떻게 진행되었는지 잘 알고 있다. 노동비용을 줄이고, 노동조합을 공격하고, 전체 노동과정을 자동화하고 로봇으로 대체하고, 임금이 싼 국가로 생산을 재배치하고, 노동을 불안정화하고, 소비 모

---

4. [옮긴이] 하방경직성, 또는 가격의 하방경직성은 수요공급의 법칙에 의해 내려야 할 가격이 어떤 사정으로 내리지 않는 현상을 말한다. 일반적으로 노동조합의 압력에 의해 임금이 내려가지 않는 현상을 뜻하지만, 기업 카르텔 등에 의해 가격 하락을 억제하는 경우도 있다. 널리 알려진 대로, 하방경직성이란 표현은 정재계에서 '비유연한' 조직 노동을 공격하는 근거로 널리 사용되어 왔다.

5. Luciano Gallino, *L'impresa irresponsabile*, Einaudi, Torino, 2005.

델을 다양화했다. 물론, 금융화가 동반되었다. 다시 말해, 이윤은 (포드주의 제조업의 논리에 따라) 매출에서 비용을 제한 수익이 아니라, "특정한 두 시점 사이에 발생하는" 주식시장의 차액 가치에 따라 증가한다. "이때 두 시점 사이의 간격은 며칠에 불과할 수 있다."

사실, 수익 회복을 위해 기업들은 금융회사의 활동을 끼지 않고, 스스로 회사채를 발행하는 방식으로 금융시장을 활용해 왔다. 이것이 가능한 까닭은 기업들이 자기금융을 활용할 상당한 여력을 언제나 지녔기 때문이다. 그런데, 세계에서 주식을 가장 많이 보유한 국가, 즉 미국의 회사들은 필요한 자본 가운데 단지 1퍼센트만 자산 발행을 통해 조달했다. 마찬가지로 독일 회사들은 2퍼센트에 불과하다. 달리 말해, 경제의 금융화란 이윤폭이 감소한 이후, 자본이 이윤율을 회복하는 과정으로서, 자본이 직접적인 생산과정 외부에서 이윤율을 증대하는 장치였다. 바로 이러한 장치를 통해 기업들은 주주가치 패러다임을 "무책임한" 방식으로 내면화하였다. 여기서 주주가치는 다양한 "이해관계의 담지자", 이른바 (임금소득자, 소비자, 공급자, 환경, 미래 세대와 같은) 이해관계자의 가치를 압도하고 있다. 기업들의 총소득 가운데 (산업)이윤의 몫은 미국의 경우 1960~70년대 24퍼센트에서 15~17퍼센트로 하락했으며, 이때부터 14~15퍼센트를 넘지 못했다. 결과적으로 금융화는 구조화되었고 사실상 오늘날 자본주의가 작동하는 방식이 되었다.

"그레타 크립너Greta Krippner가 공개된 자료의 분석을 바탕으로 입증했듯이, 미국 기업의 총수익 가운데 '금융, 보험, 부동산'FIRE 6이 차지하는 몫은 이미 1980년대 제조업이 차지하는 몫을 거의 따라잡았으며, 1990년부터 제조업과 비슷한 수준으로 추정되었다. 그런데 더 중요한 것은 다음과 같은 사실이다. 즉, 비금융 기업들 스스로 1970~80년대를 거치면서 공장과 기계에 비해 금융자산 투자를 급격히 증가시켰고, 생산 활동을 통해 이윤을 창출하기보다는 수익과 이윤의 금융적 원천에 점점 더 의존하게 되었다는 것이다. 크립너의 발견에서 특히 중요한 점은 비금융 부분의 '금융화' 경향이 제조업에서 두드러질 뿐만 아니라 오히려 제조업이 이를 주도했다는 사실이다."7 이 같은 사실은 결정적으로 (산업)실물 경제와 금융 경제의 구분을 무의미하게 만들며, 산업의 [실질적] 이윤과 금융의 "허구적"fictitious 이윤을 구별하기 어렵게 만든다. 뿐만 아니라,

6. [옮긴이] FIRE는 금융(Finance), 보험(Insurance), 부동산(Real Estate)의 머리말을 따서 붙인 말이다.

7. Giovanni Arrighi, *Adam Smith in Beijing : lineages of the twenty-first century*, Verso, 2007, p. 140. [조반니 아리기, 『베이징의 애덤 스미스』, 강진아 옮김, 길, 2009.]

이론적 관점과 역사적 관점에서, 자본주의와 산업자본주의를 동일시하지 않게 해준다(아리기^Arrighi가 언급하듯이, 정통 맑스주의를 신봉하는 통상적 행위는 정당화될 가치가 없다.) 지난 삼십 년 동안 기업들이 채택해온 주주가치 패러다임을 설명하면서, 만일 진정으로 우리가 "무책임한 기업"을 주장하고자 한다면, 마땅히 까를로 베르첼로네^Carlo Vercellone가 적절하게 표현하듯이, "이윤의 지대화"를 토대로 생산과정이 변형되었음을 강조해야 한다.[8]

의심할 바 없이, 금융자본주의가 주도하는 포스트 포드주의 배치에서 임금의 역할은 감소하고 불안정해지며 자본 투자는 정체된다. 이러한 상황에서, 이윤을 **실현하는** 문제(즉, 잉여가치 상품의 판매)는 **비임금 소득**을 통한 소비에 의존한다. 이러한 **분배**의 측면에서 볼 때, (부의 극단적인 양극화를 특징으로 하는) 자본 재생산이 이루어지는 것은 부분적으로는 금리생활자의 소비 증가 때문이고, 또 부분적으로는 부채를 통한 임금생활자의 소비 때문이다. (예컨대 통합퇴직기금처럼, 기여도에 따라 [차등으로] 지급

---

8. "The Crisis of the Law of Value and the Becoming-Rent of Profit," in *Crisis in the Global Economy, Financial Markets, Social Struggles, and New Political Scenarios*, ed. Andrea Fumagali and Sandro Mezzandra, Semiotext(e), 2010 [참고로, 이 책은 난장출판사에서 조만간 번역 출간될 예정이다―옮긴이.]

되는 은퇴 지대를 생각해보면) 비록 엄청나게 불공평하고 불안정한 방식이긴 하지만, 금융화는 동산과 부동산 소득의 두 가지 형태로 금융지대를 임금소득자들에게 재분배한다(미국의 경우, 동산 및 부동산 소득은 각각 20퍼센트와 89퍼센트에 이른다). 따라서 이윤의 지대되기becoming-rent 9와 함께 일종의 봉급의 지대되기가 덧붙여진다.

미국과 유럽에서 저축은 상당량 감소하고 가계가 부채를 짊어지는 상황에서, 결국 금융자본주의는 전지구적 수준에서 자신을 확대재생산할 수밖에 없다. 따라서 다음과 같이 단언할 수 있다. 오늘날 사회국가social state의 재분배 기능은 축소됨과 동시에 케인스주의식 적자 지출의 민영화를 통해 강화된다. 다시 말해, 추가 수요는 (개별 가계에 부를 차등적으로 이전하는) 민간 부채를 통해 창출된다.

미국의 모기지 부채는 GDP의 70퍼센트를 상회하는 수준에 달했고 총가계부채는 GDP의 93퍼센트에 이르렀다. 모기지 부채는 2000년 이후 소비 증가의 주된 요인이

9. [옮긴이] 이윤의 지대되기는 기본적으로 맑스의 『자본』 3권, '이자 낳는 자본', 혹은 신용과 가공자본 개념을 확장하여 오늘날 탈산업사회의 '인지' 자본주의 형태에 적용한 용어이다. 간단히, 자본주의 생산과 착취가 임금과 이윤의 형태보다는 지대의 형태를 취하고, 오히려 지대추구, 혹은 금융자본이 경제를 추동하는 광범위한 현상을 일컫는다. 일부 논자들은 이윤의 지대되기를 일반지성이나 공통적인 것을 전유하기 위한 금융화의 논리로 보기도 한다.

었으며, 2002년에 접어들자 부동산 버블의 엔진이 되었다. 이른바 리모기지remortgaging가 소비를 촉진했다. 리모기지란 주택 가격이 폭등하자 이를 바탕으로, 기존 모기지 대출을 재협상하여 신규 대출을 받는 기법이다. 주택지분가치추출[10]로 불리는 이 메커니즘은 미국의 경제 성장에 결정적으로 기여했다. 미상무부경제분석국US Bureau of Economic Analysis은, 2002년부터 2007년까지 주택지분가치추출의 증가로 GDP가 평균 1.5퍼센트 성장했다고 추정했다. 모기지 융자의 긍정적 효과와 이에 따른 소비 증가가 없었더라면, 미국 GDP의 성장은 유로존과 비슷하거나 상당히 낮았을 것이다.[11]

특히, 2000~2002년 동안 나스닥Nasdaq이 붕괴한 이후, 민간 부채의 폭증은 매우 팽창적인 통화정책과 은행의 탈규제 정책 덕분에 가속화되었다. 이들 정책은 부채기초증

---

10. [옮긴이] 주택지분가치추출(home equity extraction)은 주택의 지분가치, 간단히 자산 가치를 재평가하여 대출조건을 재조정하는 금융기법이다. 이를 통해, 금융기관은 이미 대출된 상이한 융자들을 함께 묶어 새로운 파생상품을 만들거나, 이를 기초자산 삼아 새로운 대출을 받을 수 있다. 만일 주택 가격이 계속 오른다면, 주택지분가치추출은 가공의 가치를 창출하고 리스크를 줄여, 경제 전체의 신용을 확장하고 가계의 소비여력을 확대하게 해준다. 2장 주석 12를 참고하라.

11. Jacques Sapir, *L'économie politique internationale de la crise et la question du "nouveau Bretton Woods": Leçons pour des temps de crise, Mimeo*, sapir@msh-paris.fr.

권의 금융증권화[12]를 촉진했다. 부채담보부증권[13], 대출채권담보부증권[14]이 활성화되었고, 이에 더해 신용디폴트스왑[15]이 중요해졌다. 신용디폴트스왑은 투자리스크에 대비

---

12. [옮긴이] 금융증권화(securitization) 혹은 증권화, 유동화는 금융시장에서 주식이나 채권 등의 자산을 증권의 형태로 전환해 자금 조달 및 운용을 확대하는 기법이다. 이는 통상적으로 대출채권을 비롯한 고정화된 자산을 매매가 가능한 증권형태로 전환하는 자산유동화(asset securitizarion)를 뜻한다. 전세계적으로 증권화는 금융시장의 대표적인 경향이라 할 수 있고, 현재 금융위기의 주범으로 꼽히고 있다. 이에 대한 메커니즘을 간단히 살펴보자. 금융기관은 부동산, 유가증권, 대출채권, 외상매출금 등 유동성이 낮은 여러 자산(즉, 기초자산)을 담보로 새로운 증권(혹은 파생상품)을 만들어 매각하려 한다. 이때 기초자산의 종류에 따라 파생금융상품은 다양한 명칭으로 불리는데, 예컨대 주택담보부채권(MBS)은 주택담보대출을 기초자산으로 하여 발행된 파생상품을 말하며, 부채담보부증권(CDO)은 일반대출이나 채권을 기초자산으로 한다. 특히, 금융기관은 신용도에 따라 각종 대출채권, 즉 기초자산을 하나의 풀(pool)로 묶어, 자산유동화회사에 넘기고, 유동화회사는 신용보증기금의 보증과 신용평가회사의 등급을 받아 새로운 채권을 시장에 발행한다. 일반적으로, 금융증권화는 자금의 유동성과 효율성을 확보하고 위험을 분산한다고 알려져 있지만, 오히려 기초자산 가치가 하락하면 리스크가 폭증하여 금융회사 등 각급 투자자가 큰 손실을 볼 수 있다. 그럼에도 불구하고, 자산유동화에 대한 규제가 미약해 금융위기로 전화될 위험이 다분하다. 2장 주석 18과 부록의 용어 해설을 참조하라.

13. [옮긴이] 부채담보부증권(Collaterized Debt Obligation, CDO)은 회사채나 금융기관의 대출채권, 특히 여러 개의 주택담보대출을 묶어 만든 신용파생상품이다. 또한 2장 주석 12와 부록의 용어 해설을 참조하라.

14. [옮긴이] 대출채권담보부증권(Collaterized Loan Obligation, CLO)은 은행들이 대출 채권을 담보로 발행하는 일종의 자산담보부증권이다. 또한 2장 주석 12와 13, 부록의 금융증권화 항목을 참조하라.

15. [옮긴이] 신용부도스왑(Credit Default Swaps, CDS)은 금융기관이 대출이나 채권을 회수 못할 신용위험에 대비하는 대표적인 파생상품이다. 금

할 목적으로 사업자operator 간에 교환swap되는 (실제로는 거래되는) 파생보험증권이다.16 이들 신용파생상품의 총액은 대략 62조 달러에 달하며 지난 10년 동안 100배로 증가했다(이 책의 부록은 채권유동화를 비롯한 각종 금융기법을 간략히 설명하고 있다. 이를 참고하기 바란다).

금융증권화securitization는 금융기관이나 신용평가회사 입장에서 볼 때, (모기지뿐만 아니라 신용카드와 같은) 고객 대출 상품을 투자은행에 판매함으로써, 재무 상태를 개선하게 해준다. 투자은행은 (양호부터 불량까지) 차등적인 리스크에 따라 신용 풀pool을 만들며, 이것을 기초로 [새로운] 자산을 발행한다. 다음으로 발행된 자산은 임의로 창출

융기관은 신용위험을 구매하는 제3자, 즉 보장매도자에게 일정한 수수료(프리미엄)를 지급하고 신용위험을 판매한다. 간단히 말해, 대출이나 채권의 형태로 자금을 조달한 채무자의 신용위험만 따로 떼어내 매매하는 것이다. 예를 들어, A은행이 B기업의 회사채를 인수한 경우 B기업이 파산할 위험에 대비해 A은행은 제3의 C금융사에 정기적으로 수수료를 지급하고 C금융사에서 투자 원금을 되돌려 받을 수 있는 구조다. 여기서 C금융사는 신용위험에 대한 수수료를 받고 위험을 부담하는 보험사 역할을 한다. 이때 C금융사는 자본금을 들이지 않고 신용거래만으로 수익을 창출할 수 있다. 또한 2장 주석 16, 부록의 용어 해설을 참조하라.

16. [옮긴이] 일반적으로, 스왑거래란 미래의 특정일 또는 특정기간 동안 어떤 상품이나 금융자산(예컨대, 담보채권)을 상대방의 상품이나 금융자산과 교환하는 거래를 말한다. 이는 사전에 가격과 기간을 정해 놓고 둘 이상의 당사자가 보다 유리하게 자금을 조달하기 위함이며, 또한 상호간에 채권을 교환함으로써 각자의 위험을 회피하기 위함이다. 2장 주석 15, 17, 18과 부록의 용어 해설을 참조하라

된 금융회사(이른바 콘듀잇[17]이나 특수목적회사)에 양도되고, 이들 회사는 매입 대금을 단기 채무로 조달한다. 마지막으로, 채권은 헤지펀드와 투자은행, 퇴직연금, 투자기금과 같은 투자자에게 넘어간다. 이 같은 방식을 통해, (일이 계속 잘 풀린다면) 아무개의 모기지 부채는 다른 누군가의 손에서 수익성 높은 사업이 된다.

"이러한 메커니즘을 묘사하기 위해, 상품을 만들고 위험은 쪼갠다OTD [18]"는 표현이 사용되고 있다. 여기서, 각종 전문 기업들은 조립라인에서 작업하듯이 역할을 분담하고 있다. 이를 통해, 처음에는 부동산 대출을 긁어모은 다음,

---

17. [옮긴이] 콘듀잇(conduit)은 파생상품을 발행하기 위해 설립된 특수목적회사, 혹은 유동화전문회사를 가리킨다. 2장 주석 12와 13, 부록의 용어 해설을 참조하라.

18. [옮긴이] 이는 'Originate-to-Distribute'의 줄임말로 OTD모델이라고 한다. 이 금융모델은 현재 금융위기의 주범으로 꼽히고 있으며 전통적인 상업은행 모델인 '대출을 공여하고 위험을 보유하는'(Lend-and-hold) 방식, 즉 L&H모델과 대비된다. OTD 모델의 경우, (투자)은행은 차입금을 바탕으로 신용대출을 제공하거나 다른 금융회사의 대출자산을 사들여 이것을 기초자산으로 금융증권화, 즉 파생상품을 발행하고 이를 다른 투자자들에게 판매함으로써 신용 리스크를 분산 이전한다. 반대로 L&H모델에서는 주로 (시중)은행이 예금을 수신하고 이를 바탕으로 신용(대출)을 공여하며 따라서 신용리스크를 자신이 보유한다. 과거에 이 모델은 자본시장이 발달한 미국을 제외한 다른 지역에서 우세했으나 금융세계화가 진행되면서 약화되었다. 간단히, L&H모델에서 대출을 파생상품으로 유동화하고, 원 대출의 위험을 여러 금융기관이 분산해서 줄이는 금융기법이 OTD모델이라 할 수 있다. 또한 2장 주석 12, 16, 17과 부록의 용어 해설 가운데 비은행금융시스템을 참조하라.

이렇게 만든 투자 상품들을 쪼개고, 조립하고, 결합한다. 조립라인에는 부동산 대출 브로커, 중개기관, 헤지펀드, 신용평가회사가 행위자로 참여한다. 부동산 대출 브로커는 고객을 직접 상대하고, 중개기관은 대출을 대량으로 구매하여 금융기관의 특성에 맞추어 결합한다. 조립라인의 끝에 위치한 헤지펀드는 자본을 제공하며, 마지막으로 신용평가회사는 자산 포트폴리오의 구성이 자사의 품질 기준을 충족하는지 결정한다."[19]

실제로 복잡한 금융공학은 신용의 총량을 인위적으로 증가시키고(레버리지 효과[20]), 금융기관이 대출을 정리하여 수지균형을 맞춘 다음 새로운 대출을 제공하게 해준다. 이는 일종의 화폐를 창출하는 것과 같다. 왜냐하면 채권 흐름의 분할은 본질적으로 금융증권화를 통해 신용을 증식시키기 때문이다. 이때 채권 흐름은 창출된 이익, 순수한 화폐이자, 배당금 흐름 가운데 일부를 요구할 수 있는 권리를 말한다.

전지구적 금융위기가 발생하자, 의심할 바 없이 서브

---

19. Martha Poon, "Aux origines était la bulle. La mécanique des fluides des subprimes," http://www.mouvements.info/spip.php?article379.

20. [옮긴이] 레버리지(leverage) 효과란 차입금 등 타인 자본을 지렛대로 삼아 자기자본이익률을 높이는 것으로 '지렛대 효과'라고도 한다. 부록의 용어 해설을 참조하라.

프라임 모기지 대출을 기초로 창출된 파생증권은 희생양이 되었고 "유독성" 자산이란 명칭을 얻었다. 실제로, 서브프라임 대출의 금융증권화는 미국의 모기지 금융 업계를 변화시키는 중심에 서 있다. 모기지 업계에서, 부동산 대출 산업은 활동자본(담보설정된 자산)에 기초한 투자 상품들의 거대한 시장으로 변모한다. 그런데 새로운 금융의 온갖 폐해가 이들 투자 상품에 응축된다. 예를 들어, 앞뒤 따지지 않고 융자가 행해지고, 대출담보채권을 발행해 손쉽게 돈을 벌고 있으며, 신용도가 낮은 사람이 태연히 대출받고, 규칙은 위반되기 일쑤고, 리스크는 대충대충 계산되고, 사기는 횡행하고 있다.

마사 푼Martha Poon이 논문에서 상기시켜 주듯이, "미국에서 부동산 신용거래의 교환은 뉴딜정책에 연원을 두기 때문에 새로운 건 아니다. 하지만 이 전통적으로 제한적인 기법은 최근 들어 시장화를 겪고 있다. 여기에서 국가보증기관과 전문대출기관이 시장에 유동성을 공급하고 있는데, 국가보증기관이란 흔히 프레디맥과 페니메이로 알려진 정부보증업체GSE를 말한다. 또한 전문대출기관의 활동은 그 소요 자금을 벤처자본의 투자가 다수를 차지하는 업계에서 공급받는다. 그런데 GSE는 프라임론만 담보부증권으로 취급했으며 원칙적으로 서브프라임론을 취급하지 않았다(프라임론 파생증권은 1971년 창출되었으며 "지니메이"[21]로 불렸다[22]).

폴 크루그먼이 언급하듯이, 금융위기는 불가피하게 마녀 사냥으로 귀결되었다. 일부 혐의들은 전적으로 허위로 드러났다. 우파들은 흔히 우리의 모든 문제가 지역재투자법Community Reinvestment Act [23] 때문에 발생했다고 주장했다. 이 법에 따라, 은행들은 파산할 게 뻔한 마이너리티 주택 소유자들에게 억지로 대출을 했다는 것이다. 그런데, 실제 1977년에 통과된 지역재투자법이 어째서 삼십 년 후에 일어난 위기를 책임져야 하는가? 좀처럼 이해할 수 없는 일이다. 게다가, 이 법은 예치환거래은행[24]에만 적용되었고,

---

21. [옮긴이] 지니메이(Ginnie Mae)는 전미저당금융 금고(Government National Mortgage Association, GNMA)의 별칭이며, 이 금고에서 발행하는 저당증권을 가리키기도 한다. 보통, GNMA는 독립된 법인이라기보다는 사실상 미연방정부에 속하며, 여기서 발행된 담보부증권은 미국정부가 원리금 지급을 즉각적으로 보장하기 때문에 무위험 안전자산으로 통용된다.

22. 이에 대해서는 다음 나의 글을 참고하라. *E il denarova. Esodo e revoluzione dei mercati finanziari*, Bollati Boringhieri/Edizioni Casagrande, Torino-Bellinzona, 1998, pp. 65~69.

23. [옮긴이] 미국의 클린턴 행정부는 1992년 LA폭동을 계기로 미국사회의 차별을 억제하기 위해, 자가주택 소유를 늘리는 정책을 시행했다. 보다 많은 국민이 집을 소유할 때 국가에 대한 충성심, 공동체에 대한 헌신이 높아져 사회가 보다 안정화된다는 것이다. 이러한 정책적 판단 아래, 금융 기관에 대한 지원이 확대되고 정부 규제가 완화되었으며 그 일환으로 지역재투자법이 개정되었다. 이로써, 개인신용도가 낮은 사람이 서브프라임 대출을 통해 주택을 소유할 수 있었다. 미국의 우파들은 이런 서민 지원 대책이 오늘날 금융위기의 주범이라고 주장하고 있다.

이는 주택 버블 기간의 악성 대출 가운데 극히 일부에 불과했다."[25]

　나아가, 1970~80년대 중간계급의 확대를 촉진한 프라임론의 금융증권화는 미국에서만 일어나지 않았다. 우리는 이를 염두에 둬야 한다. "인플레이션 기간 동안, 미국, 캐나다, 일본과 대다수 유럽 국가들이 주택구입 열풍을 경험했다. 주택가격은 매입가격과 아무 상관없이 모든 사람을 만족시킬 때까지 상승했다. 적어도, 풍요가 지속되고 특히 매우 높은 부동산 가격이 유지되는 한, 만족은 가능했다. 실제로, 주택가치의 인플레이션은 부를 재분배하는 강력한 메커니즘이었다. 주택을 소유하지 못한 사람들은 예외 없이 불이익을 당했다. 그들은 다른 사람들과 마찬가지로 끊임없이 오르는 상품과 서비스에 대해 계속해서 비싼 가격을 치렀지만, 주택소유자와는 달리 자본비과세[26]

---

24. [옮긴이] 예치환거래은행(depository bank)은 디포지터리 뱅크(depository bank)라고도 한다. 외국환거래를 하려면 한 나라의 외환은행이 해외의 타 은행과 환거래에 관한 계약을 체결해야 한다. 일반적으로, 예치환은행은 환거래계약을 체결한 외국의 상대방은행을 말하며, 발행 은행의 예금계좌가 설정되어 있는 은행이다.

25. *The Return of Depression Economics and the Crisis of 2008*, W. W. Norton & Company, 2009, p 162. [폴 크루그먼, 『불황의 경제학』, 안진환 옮김, 세종서적, 2009 – 옮긴이.]

26. [옮긴이] 자본소득과세와 비과세는 금융 거래 등 각종 자본 거래로 발생한 소득에 대한 과세/비과세를 말한다. 여기서는 경기 진작 등의 목적으로 내려진 주택의 면세조치 때문에 오히려 미주택자가 손해를 보는 상황

를 통해 손해를 만회하지는 못했던 것이다."[27]

2000~2002년 신경제가 위기에 빠지기 시작하자, 미국의 부동산 시장은 천정부지로 치솟았다. 특히 기억이 옳다면, 이미 2001년 부동산 가격은 매우 높았다. 얼마나 높았으면, 이미 애널리스트들은 2002년쯤 부동산 부문의 버블을 진단할 정도였다. 그럼에도 불구하고, 서브프라임론(대출)의 금융증권화 덕분에, 2007년 버블이 폭발할 때까지 부동산 부문의 인플레이션은 지속될 수 있었다.

서브프라임 대출의 팽창이 보여주듯이, 금융은 수익의 창출과 상승을 위해 중간계급뿐만 아니라 빈민을 끌어들여야 한다. 이러한 자본주의가 제대로 기능하려면, 아무런 담보도 없는 사람들의 벌거벗은 삶에 투자해야 한다. 이들은 몸뚱이 빼고는 아무런 담보가 없는 사람들이다. 이것은 벌거벗은 삶을 이윤의 직접적인 원천으로 전환시키는 자본주의다. 이러한 전환은 확률 계산에 의거해 이루어진다. 확률 계산에 따르면, 부채상환의 결손은, 전체 인구 규모를 감안해 볼 때, "관리 가능한 것으로", 다시 말해 무시해도 될 만한 것으로 간주된다. 확률 계산을 뒷받침하는 금융의 논리는 사실 매우 부정적이다. 자세히 설명하면, 투

을 말한다.

27. Marco d'Eramo, *Il maiale e il grattacielo. Chicago: una storia del nostro futuro*, Feltrinelli, Milano, 1995, p. 39.

자은행들은 기존에 발행된 모기지 채권들의 풀에 기초해 이를 재분류하여 금융 자산을 발행하는데, 이때 새로 만들어진 금융 자산들은 원리적으로 종속관계에 따라 창출된다. 다시 말해, 발행된 자산에 내재된 리스크에 따라 위계적으로 창출된다. [신용등급이] 낮은 순으로, 첫 번째 단계의 자산은 리스크가 가장 크고 중간 단계는 리스크가 감소한다. 오래된 최상의 자산으로 구성되는 가장 높은 단계의 자산(최선순위와 선순위senior 28)은 특히 안전한 것으로 간주된다. 그런데 보다 높은 등급의 자산은 보다 낮은 등급의 자산을 통해 안전을 보장받는다. 낮은 등급의 자산은 투자자 손실이 발생하면 가장 먼저 타격을 받는 금융화 자산들로 대부분 구성된다는 의미에서 말이다. 결국, 주택에 대한 접근권은 수리적인 리스크 모델에 따라 창출되는 셈이다. 여기서 사람들의 삶은 아무런 고려 대상이 아니고, 빈민들은 형편이 나은 사람들과 "경합하고" 있으며, 주택에 대한 사회적 권리는 수익을 올리려는 사적 권리에 인위

---

28. [옮긴이] 앞서 언급한 대로, 일반적으로 금융파생상품을 만들 때, 기존의 온갖 금융자산을 한데 모은 다음 이를 리스크 정도에 따라 재분류한다. 이때 안전한 자산을 보통 선순위(senior) 트랑셰, 혹은 최상위 트랑셰라 하고 리스크가 높은 자산을 후순위 트랑셰라 한다. 따라서 채무불이행 등 신용사건이 터지면 후순위 트랑셰부터 손실이 발생하며, 서브프라임론을 기초로 발행된 상품은 보통 후순위에 속한다. 이에 대해서는 부록의 용어 해설 가운데 부채담보부증권 항목을 참조하라.

적으로 종속된다. 오늘날 금융 산업의 입맛에 맞추어 학문적 역량과 품위를 내팽개쳤던 아카데미 경제학자들이 양심상 평안하길 바랄 뿐이다(이처럼 현재의 금융위기는 아카데미 경제학의 위기를 드러내고 있다[29]).

금융은 부동산 가격이 상승하고 "무한히" 성장할 거라는 기대를 바탕으로 작동한다(이른바 자산효과wealth effect [30]). [부동산 가격이] 팽창하지 않는다면, 지속적인 금융 수익을 보장하기 위한 필수 조건인, 잠재적인 무산자들의 편입co-opt가 불가능할 것이다. 이것은 일종의 폰지 게임[31]이나 피라미드 사기airplane game 형태다. 이 게임에서는 앞사람은 뒷사람의 참여로 인해 보상을 받을 수 있다. 나스닥의 회장을 역임한 버나드 매도프Bernard Madoff [32]가 설립한

---

29. 이에 대해서는 다음을 참조하라. David Colander et al., "The Financial Crisis and the Systemic Failure of Academic Economics," http://econo mistsview.typepad.com/economistsview/2009/02/the-financial-crisi s-and-the-systemic-failure-of-academic-economics.html.

30. [옮긴이] 이른바 자산효과(wealth effect)는 소득이 아니라 자산가치가 고평가되어 소비가 늘어나는 현상이다. 주식이나 부동산, 채권 등 자산의 가치가 고평가됨에 따라 소비도 늘어나는 효과로, '부(富)의 효과' 또는 '피구효과'(Pigou effect)라고도 한다. 현재의 소비는 미래의 소득에 의해서 영향을 받는다는 주장에 근거를 둔다.

31. [옮긴이] 폰지게임(Ponzi Game)은 폰지사기(Ponzi Scheme)라고도 하며, 신규 투자자의 돈으로 기존 투자자의 이자와 배당금을 지급하는 일종의 다단계 금융사기를 말한다. 1920년대 미국에서 찰스 폰지(Charles Ponzi)가 벌인 사기행각에서 이름이 유래했다.

32. [옮긴이] 2008년 12월 미국 나스닥증권거래소 회장을 지낸 버나드 매도

세인트 앤서니 체인St. Anthony's Chain처럼 말이다. 매도프는 이를 통해 거의 5백억 달러에 달하는 금액을 끌어 모았는데 여기에는 평판이 좋은 금융업자와 은행들도 상당수 연루되었다.

이러한 포섭 과정의 문턱은 (주택 같은) 재화의 사회적 소유와 사적 소유권 사이의 모순, 사회적 수요[욕구]의 확대와 시장 금융의 사적 논리 사이의 모순 속에서 모습을 드러낸다. 이 문턱에서는, 이러한 위기를 극복할 수 있는 자본의 능력 또는 무능력뿐만 아니라 사회갈등 역시 문제가 된다. 이것은 **시간과 관련된 문턱**의 문제이다. 예를 들어, 서브프라임 대출의 전형적인 모기지 계약 방식을 생각해보자. 2+28이라는 공식은 사회적 소유권과 사적 소유권의 모순을 드러내는 사례이다. 이 공식에 따르면, 첫 번째 2년 동안 모기지 이자는 낮은 수준으로 고정되며 이로써 "[모기지] 소유자"를 더 많이 흡수할 수 있다. 나머지 28년 동안, 모기지 이자는 변동금리에 따라 결정되며 결과적으로 통화정책과 [경제] 국면의 일반적 경향에 종속된다. 2년 동안

프(Bernard Madoff)가 금융사기 혐의로 연방수사국(FBI)에 체포되자, 다시금 폰지사기가 인구에 회자되었다. 매도프는 1960년 자신의 이름을 딴 증권사 버나드매도프를 설립한 뒤 20년 동안 사기행각을 벌였으며, 피해액은 최대 650억 달러에 달한다. 이것은 폰지사기로는 미국 역사상 최대 규모이며, 주요 금융회사와 저명인사들이 다수 연루되었다.

은 제한적인 사용가치의 통제구조(즉, 주택이용권)를 누리지만, 나머지 28년 동안 우리는 추방/배제라는 극단적인 폭력적 효과를 수반하는 [금융시장에 의한] 교환가치 통제구조로 옮겨간다. 이런 식으로, 금융 논리는 [주택이용권 같은] **공통적인 것**(즉, 공유재)을 생산한 다음 이를 곧바로 분할하여 사유화한다. 이를 위해, 금융 논리는 온갖 **희소성**, 가령 금융수단, 유동성, 권리, 욕망, 권력과 같은 희소성을 인위적으로 창출하여 "공유지의 거주자들"을 추방한다. 이는 17세기에 진행된 인클로저 과정과 유사하다. 당시 농민들은 공유재인 토지에 살면서 생계를 해결했지만, 공유 토지가 사유화되고 분할되는 과정을 거치면서 말살되었다. 이러한 과정을 통해 근대 프롤레타리아트들이 창출되고 이들의 벌거벗은 삶이 출현하게 되었다.

스피노자Baruch Spinoza, 그리고 주권권력의 규범norm과 훈육에 대한 그의 저항을 논의하면서, 아우구스토 일루미나티Augusto Illuminati는 인클로저 과정이 지닌 분명한 사법적-규범적 성격에 주목하고 있다. 스피노자는 "토지를 무시하지 않는다. 다만 그의 운동은 농사와 사냥을 핑계로 토지에 울타리를 쳤던 18세기의 인클로저로 한정되지 않는다. 수평파가 주장하듯이, 양떼가 사람을 잡아먹던 인클로저 말이다. 여기서 토지는 인간을 그저 복종만 배우는 무기력한 양떼로 전환시킨다. 그런데 스피노자는 그러한 토지로 운동을 제한하지 않는다. 그의 운동은 [울타리 쳐진 토지의] 평온함이나 시민다움citizenship이 아니라, 오히려 [울타리 밖의] 황무지 상태에서, 즉 고독 속에서 진행되기 때문이다."33 산도르 메짠드라가 보여주고 있듯이, 결국에 원시적 혹은 원초적 축적, 다시 말해 수많은 사람들이 자신의 토지로부터 추방되어 임금생활자가 되고 프롤레타리아가 되었던 그 과정은 공통적인 것과 자본의 팽창이 충돌할 때마다 역사적으로 반복해서 출현하는 과정에 다름 아니다. 말할 필요도 없이, 공통적인 것은 자본주의 착취의 법칙에서 자유로운 사회적 관계와 협력cooperation이 만들어 낸다.34 그러므로 자유로운 사회적 관계를 통해 생산되는 공통적인 것은 이 공통적인 것을 자본주의적으로 전유하는 것보다 앞서 존재한다.

---

33. *Spinoza atlantico*, Edizioni Ghilbi, Milano, 2008, p. 15. [여기서 스피노자를 인용하는 맥락은 스피노자가 당시에 전개되던 반(反)인클로저 운동을 무시한 게 아니라 인클로저 운동이 지닌 규율적 사법적 성격을 비판했다는 말이다. 그는 단순히 토지에서 쫓겨난 사람만이 아니라, (정신적 상태를 포함한) 모든 특권과 소유권을 박탈당한 벌거벗은 빈민, 즉 다중이 무력함과 고독에서 벗어나서 연대를 창출하는 일반적인 운동을 염두에 뒀기 때문이다. 그는 이들이야 말로 고독의 공포에서 벗어나서 시민국가를 건설하는 민주주의적 주체라고 주장했다. 따라서, 스피노자는 토지라는 규율적이고 시민적인 목가적 상태를 회복하는 게 아니라, 현실적인 비참한 상태로부터 새로운 공통적인 무엇을 추구해야 한다고 봤던 것이다 — 옮긴이.]

34. S. Mezzadra, "La 'cosiddetta' accumulazione originaria," in AAVV, *Lessico marxiano, minifestolibri*, Roma, 2008.

이윤의 지대되기

3장

이윤의 지대되기

금융은 비非기생적인 역할을 한다. 다시 말해, 금융은 소비의 증진을 가져오는 지대 창출 능력, 즉 GDP 성장에 필수적인 유효 수요를 창출하는 역량을 지닌다. 그렇지만 비기생적인 역할은 분배의 관점에서 파악해야 비로소 설명된다. 한편으로 금융은 축적과 무관한 이윤을 먹고 자란다. 이러한 이윤은 (불변 및 가변) 자본에 재투자 되지 않으며 금융공학을 활용해 기하급수적으로 폭증한다. 다른 한편으로, 증가된 이윤은 가산적patrimonial 1 주주들에게 잉

---

1. [옮긴이] 여기서 가산적(patrimonial)이란 표현은 '세습적', '재산적' 등으로 번역되기도 하는데, 노동과 자본이 낳는 임금과 이윤보다는 토지와 세습자산이 낳는 수익, 즉 지대의 성격을 강조하는 표현으로 금융의 역할을

여가치의 일부로 분배된다. (반복하자면) 이러한 (분배적) 특징 아래, 금융화와 그 내재적 불안정성에 관한 분석은 금융자본이 모든 집합적 이해관계(예를 들어, 임금과 직업 의 안정성, 주식에 투자된 퇴직연금과 저축의 파산, 신용 소비의 붕괴, 실사에서 증발하는 재고 같은) 사안을 벗어 나 자율화되는, [허구적이 아닌] 실질적이고 매우 도착적인 과정을 살피고 있다. 특히, 이러한 분석은 자기 참조적인 동학을 강조하고 있다. 즉, 점점 더 높은 주주 수익이 추구 될수록 금융수단은 폭증하게 되고 이를 통해 허구적 이윤 이 증대하고 있다. 그럼에도 불구하고, 금융수단은 모든 규칙과 통제를 벗어나 있기 때문에 제어되지 않는다.

따라서 이러한 생산양식에서 위기의 전개는 사회적 필 요와 금융적 논리의 모순을 초래한다. 여기서 금융의 논리 는 초과잉 수익성을 판단 기준으로 하고 있다. 인간생성 모델2의 주장, "인간이 인간을 만든다"에 따르면, 소비는

강조하고 있다. 여기서는 주주에게 돌아가는 배당 수익과 매매 차익 등을 가리킨다. 덧붙여, 미셸 아글리에타 같은 논자는 금융시스템과 정보기술 이 주도하는 새로운 생산체제, 혹은 금융 주도의 자본주의를 재산/가산적 자본주의(patrimonial capitalism)라고 한다.

2. [옮긴이] 인간생성(anthropogenic) 모델이란 인간발생학(Anthropogeny) 에서 나온 말로, 인간생성학은 "인간 창조"를 연구하는 학문이다. 애초에는 19세기 말 해부학, 유전학 등에서 영향을 받아 비교 발생학과 인간 진화론 에서 출발했지만, 그 의미가 확대되어 인간 기원에 관한 일반적인 연구로 발전했다. 이 책에서 이 용어가 사용되는 의미가 모호하긴 하지만, 짐작컨

점차적으로 사회적, 보건적, 교육적, 문화적 영역을 지향해야 한다. 그렇지만 선진국에서 이러한 요구는 사유화와 충돌하고 있다. 사유화는 이전까지 공적인 기준에 따라 관리되던 수많은 영역을 점령하고 있다. 발전도상국에서는, 가치증식valorization의 확장이 초과착취 과정을 유발하고 있으며 지역의 경제와 환경을 파괴하고 있다. 금융자본주의는 수익성에 대한 요구를 전 사회에 부과하고 있으며, 이러한 요구는 특정한 성장 모델을 강요함으로써 사회적 퇴보를 강제하고 있다. 그러한 성장모델은 부를 [재]분배할 목적으로 사회적 유대와 삶의 질을 고의적으로 희생시킨다. 임금은 삭감되고, 직업 스트레스로 인한 건강 비용(대략 GDP의 3퍼센트)이 증가함에 따라 노동은 병리화되며, 사회적 균형이 악화되고 환경은 돌이킬 수 없을 정도로 파괴된다. 이 모든 게 금융 논리의 효과이며 전지구적 금융자본주의에 전형적인 기업의 탈지역화가 가져온 결과이다.

문제는 분배의 관점(결국에는 **경제전문가**의 시각)에서 분석할 때 금융자본주의에서 위기가 발전하면 진정한 파국적 결과가 도래한다는 것이다. 금융이 기생적이라는 상투적인 말은 창문 밖으로 내던져도 은연중에 다시 정문으

대 삶(vital) 정치의 맥락에서, 집단적인 인간(종)의 생활과 생명, 즉 공통적인 것을 중심에 두는 관점을 통칭하는 듯하다.

로 들어온다. 정치-실천적 측면보다는 이론적 측면에서, 모든 사람이 교착상태에 빠져있다. 한편으로는 위기 극복 전략을 정교화하지 못하고 있다. 동아줄 같은 경기부양책도 (사실상 우리 자신을 담보로 제공하는) 금융 구제를 조건으로 할 뿐이다. 다른 한편으로는 경제가 회복할 가능성 자체를 부정하고 있다.

좌우파 모두 실물 경제의 가망 없는 회복, 즉 (다소 아마추어적 표현이긴 하지만) 경제의 진정한 "재산업화"를 바라고 있다. 이것의 목적은 소득과 고용의 파괴에 연루된 금융화된 경제를 벗어나는 것이다. 하지만 사람들은 이른바 "실물 경제"의 본질과 작동을 너무나 편리하게 묘사하고 있다. 결국 좌우파 모두 국가 지원을 원하는 셈이다. 국가가 과잉생산으로 고통 받고 있는 산업 분야에 지원하면, 이에 따라 일자리가 창출되고 임금이 만회된다는 것이다. 하지만 (불행히도) 그러한 지원책은 전체 경제를 재건하는 데 도움을 주지 못한다.

이처럼 급격하게 "산업화"로 돌아가자는 주장은 1차 산업혁명의 옹호자들에 대한 중농주의자들의 비판과 상당히 닮아있다. 기계가 농업 생산성 향상에 도움을 준다는 사실을 망각한 채, 중농주의자들은 토지 생산물과 달리 "기계가 음식을 먹지 않는다. [그러므로 농업생산력이 하락한다]"고 생각했다. 마찬가지로, 다음과 같은 사실을 명심하는 것도 도움이 된다. 무역 흑자국, 가령 독일과 일본뿐만 아니라 발전도상국들이 수출을 늘릴 수 있는 근본적 원인은 미국이나 영국과 같은 [무역 적자]국들이 재화와 서비스에 대한 높은 수요 증가율을 담보하기 때문이다. 후자의 국가들은 금융을 포함한 고도로 발전한 서비스 부문을 보유하고 있다. 그러므로 엄청난 과잉생산이 축적되어 전지구적 위기가 발생하면, 무역 흑자국 또한 그 여파로 상당한 타격을 받게 된다. 게다가, 흑자국들의 저축률이 매우 높다는 사실은 사태를 보다 복잡하게 만든다. 기실, 저축의 감소는 국내 수요의 증가로 이어질 가능성이 있지만, 이는 정확히 다음과 같은 단순한 이유 때문에 일어나지 않는다. 저축은 고용과 임금의 감소 및 침체가 유발한 [부정적] 효과를 없애는 데 사용된다.[3]

이렇게 말한다고 해서, (분명 미국과 영국을 위시하여) 지난 수십 년 동안, 서비스 부문을 과도하게 성장시킨 국가들은 위기를 기화로 발전 전략을 수정하지 말아야 한다는 게 아니다. 하지만 분명한 사실은 실체가 불명확한 "실물 경제"로 회귀한다고 해서 현재의 위기가 극복될 것 같진 않다는 것이다. 예를 들어, 무역 적자국들에서 공사 부

---

3. Simon Tilford, "A Return to 'Making Things' is No Panacea," *Financial Times*, March 4, 2009.

문의 부채는 매우 높은 수준에 도달해 있고, 특히 공공 부분 부채는 이번 위기를 거치면서 증가할 수밖에 없는 실정이다. 그럼에도 이들 나라는 수년 동안 공공 부분 투자를 줄여왔기 때문에 공공기반시설마저 부족한 실정이다. 게다가 이들 국가에서 전문적 자격의 쇠퇴 현상이 일어나고 있다. 즉 숙련기술과 분산된 지식의 **가치화가 쇠퇴함으로써**, 지식 노동자는 혜택은커녕 손해를 입고 있다.

이론과 실천 양쪽에서, 실질적인 맹점은 (상품이 "생산되는") 제조 부문과 비물질 활동 부분을 헛되이 구분하는 것과 관련된다. 확실히 이러한 대립은 금융 부문의 비정상적 발전 때문에 강화되긴 했지만, 오늘날에는 "재산업화"라는 명분으로 그러한 모든 창조적이고 혁신적인 활동을 손상시킬 위험이 있다. 지난 수십 년 동안 발전된 이러한 활동들이 고도의 부가가치를 지니고 있음에도 불구하고 말이다. 이와 같은 활동에야 말로 투자가 집중되어야 한다.

마지막으로, 이것도 모자라는지 좌우파 공히, 국유화로 인한 **사회적 비용**을 따져보지도 않고, 파산한 은행의 국유화를 불가피하고/거나 바람직하게 보고 있다. 무엇보다도, 국유화란 부실 은행을 [국유화한 다음] 언젠가는 민영화한다는 전제 아래 시행되는 일시적 조처를 말한다. 불량자산을 국가, 즉 전국민에게 떠넘기고, 건전한 은행을 사적 이해관계에 넘겨주라! 이것은 다음과 같은 통속적인 춤

과 노래에 다름 아니다. 손실은 사회화하고 이익은 사유화하라.[4]

이러한 교착상태를 벗어나기 위해, 우리는 금융자본주의의 위기를 비판적으로 분석해야 한다. 이것은 맨 처음부터 다시 시작한다는 말이다. 이른바 금융화의 뿌리에 도사린 축적 없는 이윤의 증가에서, 분석을 시작한다는 뜻이다. 말하자면, 금융화는 가치 생산과정의 이면으로 분석되어야 한다. 금융화는 포드주의 모델의 위기를 배경으로 출발했으며, 자본가가 직접적인 산노동, 곧 공장의 임금노동으로부터 잉여가치를 흡수할 수 없었기 때문에 발생했던 것이다. 여기서 개진하는 주장은 이렇다. **금융화는 잉여가치와 집단저축의 성장에서 벗어난 비생산적/기생적 일탈이 아니라, 새로운 가치 생산 과정에 부합하는 자본축적의 형태이다.** 그러므로 현재의 금융위기는 자본축적 없는 과정이 내파한 결과가 아니라 자본축적의 **장애**로 해석되어야 한다.

소비 영역에서 금융이 담당하는 역할을 넘어서, 최근 삼십 년 동안 일어난 일은 잉여가치 자체를 생산하는 과정이 사실상 변했다는 점이다. 가치증식 과정에서 일어난 변형은 다음과 같은 현상에서 확인된다. 가치추출은 더 이상

---

4. Matthew Richardson, "The Case For and Against Bank Nationalisation," http://www.voxeu.com/index.php?q=node/3143.

재화와 서비스를 생산하는 장소에만 한정되지 않으며 이른바 공장 문을 넘어서 확장된다. 가치추출이 자본의 유통영역, 곧 상품과 서비스가 교환되는 영역에 직접 개입하기 때문이다. 이는 가치추출 과정이 재생산과 분배의 영역으로 확장되는 문제이다. 주지하다시피, 이러한 현상은 여성에게 오랫동안 익숙한 일이었다. 좀 더 구체적으로 말해, 경제 이론과 경영 전략 양쪽에서, 생산과정의 외부화는 심지어 대중과 그 삶의 방식을 활용하는 것, 즉 "크라우드소싱"[5]으로 일컬어지고 있다.[6]

생산이 이러한 특징을 보인다면, 결국 금융자본주의의 분석은 **생명경제**bio-economy, 혹은 **생명자본주의**biocapitalism를 다룬다는 뜻이다. 생명자본주의의 "특징은 자신을 인간의 삶과 점점 더 긴밀하게 연결하는 것이다. 이전까지 자본주의는 노동자의 신체와 기계가 수행하는 원재료의 변형 기능에 주로 의존했다. 생명자본주의가 가치를 생산하는 방식은 완전히 다르다. 생명자본주의는 이중적으로 기능하는 신체로부터 가치를 추출한다. 신체는 한편으로 노동의

---

5. [옮긴이] 크라우드소싱(crowdsourcing)은 대중을 뜻하는 크라우드(crowd)와 외주화를 뜻하는 아웃소싱(outsourcing)을 결합한 용어이다. 보통 이는 기업에서 문제를 해결하기 위해 전문가나 프리랜서 등이 가지고 있는 기술을 활용하는 기법이다.

6. Jeff Howe, *Crowdsourcing. Why the power of the crowd is driving the future of business*, New York, 2008.

물질적 도구로 작동하지만 다른 한편으로 [집단적인] 하나의 전체로 간주된다."[7] 그런데 우리가 금융위기를 분석하면서 최근 생명자본주의와 인지자본주의 분야에서 전개된 이론과 연구를 참고하더라도, 이는 단지 방법론적 고려일 뿐이다. 여기서 우리의 관심은 새로운 자본주의의 두드러진 특성을 정확하고 포괄적으로 설명하는 게 아니다. 우리의 관심은 금융화와 가치생산 과정의 연결, 즉 새로운 자본주의의 위기 전개에서 핵심을 차지하고 있는 연결을 조명하는 것이다(덧붙여, 이미 점점 더 많은 학자들이 새로운 자본주의의 특징을 설명하고 있다[8]).

가치생산의 외부화, 즉 가치생산을 유통 영역으로 확장하는 현상의 경험적 사례는 오늘날 쉽게 찾아볼 수 있다.[9] 최초 단계의 기업 아웃소싱(공급업자 및 외부 컨설턴트와의 하청계약)은 1980년대에 시작되었으며 "도요타" 모델에 따라 비전형적인 노동이 등장했고 자율 노동의 두 번째 세대(프리랜서, 벤처업자, 자영업자로 전락한 노동

---

7. Vanni Codeluppi, *Il biocapitalismo. Verso lo sfruttamento integrali di corpi, cervelli ed emozioni*, Bollati Boringhieri, Torino, 2008.
8. 이러한 측면에서 선구적인 성과는 다음 글에서 확인할 수 있다. Andrea Fumagalli, *Bioeconomia e capitalismo cognitivo*, Carocci, Roma, 2007
9. 생산자로서 소비자에 관한 최근 연구는 다음 글을 참조하라. Marie-Anne Dujarier, *Le travail du consommateur. De McDo à eBay: comment nous coproduisons ce que nous achetons*, La découverte, Paris, 2008

자10)가 출현했다. 이때부터, 유통 영역에 대한 자본주의적 식민화가 가차 없이 진행되어 소비자를 사실상 경제적 가치의 생산자로 변형하기에 이르렀다. 이른바 **공동생산** coproduction은 사람들이 자신의 소비재를 공동으로 생산하는 현상이며, 이는 "오늘날 공기업과 민간 기업에서 핵심적인 전략을 차지하고 있다. 이들 기업은 가치창출의 다양한 단계에 소비자를 투입시켜 노동하게 만든다. 소비자는 시장창출에 기여하고, 서비스를 생산하고, 손해와 위험을 관리하며, 잡동사니를 분류하고, 공급업자의 고정자산을 최적화하고, 심지어 관리업무를 떠맡고 있다. 공동생산은 온갖 대량 서비스, 특히 소매, 은행, 운송, 여가, 레스토랑, 미디어, 교육, 건강 …… 등에 관여하고 있다."11

분석을 단순화할 위험이 있지만, 그 이후 패러다임이 된 사례를 살펴보는 게 유용해 보인다. [스웨덴의 가구 회사] 이케아Ikea는 "빌리"Billy 책장의 조립 노동을 외부화하면서, (예를 들어 원하는 품목을 코드 별로) 분류하고, 상품의 정확한 위치를 찾아내고, 선반을 제거하고, 상품을 자동차에 싣는) 전체 기능을 고객이 알아서 하게 했다. 이는 항시적

---

10. [옮긴이] 예를 들어, 노동자가 아웃소싱에 따라 소사장으로 전환되거나, 학습지 교사처럼 실질적으로는 노동자성을 띠지만 독립업자처럼 전락하는 현상을 말한다.

11. Durajer, 앞의 책, p. 8.

인 고정비용과 가변비용을 외부화하는 것이다. 이제 고객들은 쥐꼬리만큼 가격을 절약하는 대가로 이들 비용을 떠안게 되지만, 대신에 기업은 엄청난 비용을 절감하게 된다. 이것 말고도 수많은 사례가 존재한다. 마이크로소프트Microsoft나 구글Google을 필두로, 대체로 소프트웨어 회사들은 새로운 프로그램이 나오면 소비자를 상대로 베타 테스트를 진행한다. 또 다른 한편으로, 이른바 오픈 소스 소프트웨어를 표방하는 프로그램 또한 수많은 사람들, 즉 "생산적인 소비자들"에 의해 개선되고 있다.

2001년 [닷컴] 위기 이후, 티지아나 테라노바Tiziana Terranova가 언급하듯이, 신경제의 새로운 전략은 "'소셜 웹'social web, 혹은 '웹2.0'이다. 오라일리O'Reily는 웹2.0 사업들에는 상당한 공통점이 있다고 말한다. 이들 사업이 성공한 까닭은 끝없는 사회적 관계를 창출하는 무수한 유저들을 끌어들일 수 있기 때문이다. 이 같은 사회적 관계는 프렌스터Friendster, 페이스북Facebook, 플리커Flickr, 마이스페이스Myspace, 세컨드라이프SecondLife, 블로거Blogger 같은 사이트들이 제공하는 플랫폼/환경에서 꽃피게 된다. 그렇지만, 오라일리가 강조하고 있듯이, 웹2.0은 이들 새로운 플랫폼에 국한되지 않고 구글과 같은 어플리케이션과도 관련된다. 이들 어플리케이션이 유저 브라우징12을 활용하여 가치를 창출하기 때문이다. 이것 말고 다른 어플리케이션들도 공유 행위common action에서 잉여가치를 추출해낸다. 예를 들어, 사이트를 연결하고, 블로그 기사를 추천하고, 소프트웨어를 수정하는 공유 활동 말이다. …… 웹2.0은 유저들의 사회적이고 기술적인 노동을 동력으로 삼아 이를 통합하고 가치를 창출하기 때문에, 투자자들이 성공적인 모델로 여긴다. 신경제에서 자본주의적 가치창출 과정을 혁신하는 최전선은 '임금노동을 주변화하고 [유저의—지은이] 자유노동을 통해 가치를 증식하는 것'이다. 여기서 자유노동은 부불노동이지만 [작업장에서처럼] 지휘 받진 않는다. 그렇다고 해서 자유노동을 제어할 수 없는 건 아니다."[13]

자본의 새로운 가치창출 과정이 가져온 가장 중요한 결과는 다음과 같다. 즉, 새로운 [가치]추출 장치는 어마어마한 잉여가치를 창출한다. 이것이 가능한 까닭은 직접 임금을 비롯하여 (퇴직연금, 사회보장 장치, 개인과 집단의 저

---

12. [옮긴이] 유저 브라우징은 인터넷 사용자들의 방문 기록이나 쇼핑 형태를 말한다. 예를 들어, 쇼핑몰의 추천 상품처럼, 우리가 온라인 쇼핑을 할 때 남긴 기록과 정보를 바탕으로, 소비자의 취향 등을 집단적으로 재분류하여 기업이 활용하곤 한다. 흔히 데이터베이스 마케팅이니 고객관계관리니 하는 것들이 이에 해당한다.

13. 다음을 참조하라. T. Terranova, *New economy, finanziarizzazione e produzione social de Web2.0*, in A. Fumagalli, S. Mezzadra, 앞의 책. 또한 Tim O'Reilly, *What Is Web 2.0. Design Patterns and Business Models fo the Next Generation of Software*, 30/09/2005, http://www.oreillynet.com/pub/a/oreilly/tim/news/2005/09/30/what-is-web-20.html.

축소득 같은) 간접 임금을 쥐어짜기 때문이고, 유연한 네트워크 기업 시스템을 통해 사회적 필요노동을 감축시켜 (노동의 불안정화, 즉 단속적인 고용이 증가하기) 때문이고, (인지노동이 고도로 강화되고, 나아가 소비와 유통, 재생산 영역에서 "자유노동"이 등장함에 따라) 엄청난 자유노동 집단이 창출되었기 때문이다. 잉여가치, 즉 부불노동의 양이 [엄청나게 증가한] 원인은 무엇보다도 생산 영역에 재투자되지 않는 이윤이 증가하기 때문이다. 따라서 이윤 증가는 [고용을 증가시키는 투자와 무관하기 때문에] 임금 인상은 말할 것도 없고 안정적인 고용 성장으로 이어지지 않는다.

현 국면의 특징을 이렇게 감안한 상태에서, 맑스주의자들이 (『라 브레쉬』La Brèche 14에서 전개한) 위기의 원인에 대한 논쟁을 참조해보자. 그러면 우리는 알랭 비르Alain Bihr의 주장에 부분적으로 찬성할 수 있을 뿐이다. 그는 우리가 오랫동안 "잉여가치의 과잉"을 경험해 왔다고 보는데, [여기에는 동의할 수 있다.] 하지만, (이미 인용했듯이) 비르와 허더슨의 주장과는 달리, 잉여가치의 과잉은 축적이 부족하기 때문에, 즉 이윤이 불변자본과 가변자본에 재

---

14. [옮긴이] 스위스에 발행되는 급진 성향의 잡지를 말한다. 이 잡지의 2010년 7월호는 오늘날 경제위기를 다루고 있다.

투자되지 않아서 생긴 게 아니다. 대신에, 잉여가치의 과잉은 새로운 축적 과정 탓이다. 새로운 축적 과정은 포드주의가 위기에 빠지자 [생산 영역을 벗어나] 자본의 유통 및 재생산 영역 안에 자리를 잡았다. 그리고, 알랭 비르는 잉여가치의 과잉이 단순히 새로운 시장 개척으로 이어지지 않을 거라고 주장하지만, 프랑수아 셰네François Chesnais는 이에 반대하고 있다.15 실제로, 미국과 유럽의 초국적 기업 가운데 상당수가 (중국과 브라질, 그리고 어렵사리 인도에 대해) 해외직접투자를 증가시켜왔기 때문이다. 나아가 셰네의 주장은 이렇게 부연될 필요가 있다. 직접투자가 전형적인 자본의 이윤을 반영한다고 할 때, 직접투자가 선진 경제국 밖에서만 이루어진 게 아니라 내부에서도, 다시 말해 유통과 재생산 영역에서 이루어졌다고 말이다.

축적, 이윤, 금융화 사이의 관계는 포스트 포드주의 생산과정에서 두드러진 특징을 바탕으로 해석되어야 한다. 금융화에 동력을 공급한 이윤의 증가는 자본의 축적이라는 개념 자체가 생명자본주의를 통해 변형되었기 때문에 가능했다. 오늘날 자본의 축적은 포드주의 시절처럼 불변자본과 가변자본(즉 임금)에 대한 투자가 아니라, 오히려

---

15. [옮긴이] 프랑스아 셰네의 견해는 다음 글을 참조하라. 프랑수아 셰네, 『자본의 세계화』, 서익진 옮김, 한울, 2007; 프랑수아 셰네, 『금융의 세계화』, 서익진(옮김), 한울, 2008.

직접적인 생산과정 외부에서 생산되는 가치를 생산하고 포획하는 장치apparatus에 대한 투자로 이루어진다.

이러한 새로운 기업 전략에 관해 티지아나 테라노바가 언급하듯이, "그것은 이러한 '자유노동'을 식별하고 흡수하는 문제이기도 하지만, 어떻게 해서든 분산된 욕망을 자본화할 수 있는 잉여가치의 다양한 형태를 식별하고 흡수하는 문제이기도 하다. 사람을 사귀고 표현하고 관계를 맺으려는 분산된 욕망 말이다. 이러한 모델에서, 기업에 의한 이윤 창출은 '파생적'lateral 잉여가치를 끊임없이 개별화하고 흡수함으로써 발생한다(예를 들어, 광고를 판매하고, 유저의 활동이 생산한 데이터를 판매하며, 구글과 페이스북 같은 새로운 전지구적 브랜드의 가치와 명성을 활용해 금융 투자를 끌어들일 수 있다). 대부분의 경우, 잉여가치는 이러한 [자유]노동의 비용 자체가 줄어들면서 발생한다. 왜냐하면 (비디오게임의 분석과 베타테스트, 고객 기술지원을 외주화하는 것처럼) 자유노동은 유저들에게 '외주'로 넘겨지기 때문이다.

이들 크라우드소싱 기술은 알렉산더 갤러웨이Alexander Galloway가 "프로토콜 통제"라고 부르는 것에 바탕을 두고 있으며, 자본의 새로운 유기적 구성, 즉 불변자본과 가변본의 새로운 관계를 상징하고 있다.[16] 불변자본은 ("언어적 기계"linguistic machine의 총체로서) 사회에 분산되어 있으며, 가변자본은 (사고, 감정, 욕망, 성적 능력을 비롯한 "자유노동"의 총체로서) 재생산, 소비, 생활방식, 개인과 집단의 상상력 같은 영역에 흩어져 있다. 포드주의 시대의 전형인 (물리적) 기계 시스템과 달리, 새로운 불변자본은 정보통신기술ICT뿐만 아니라 비물질적인 조직 시스템을 총합한 것이다. 비물질적인 조직 시스템은 시민-노동자citizen-laborer의 삶을 매순간마다 추적하여 잉여가치를 흡수하는데. 이 때문에 노동일, 즉 산노동을 수행하는 시간은 극단적으로 확장되고 강화된다.[17]

삼십 년 전 "도요타 모델"이 그랬듯이, 사실상 "구글 모델"은 생명자본주의 시대에 상품과 서비스를 생산하는 새로운 양식으로 간주되어야 한다. 인터넷 서비스가 산업 부문에서 차지하고 있는 위치를 감안하면, 즉 1990년대 후반을 신경제 시대라고 가정하면, 구글 모델은 기업 조직의 모델로서 모든 경제 부문에 점차 영향을 높여왔으며, 결국 경제 전체가 비물질 상품이나 서비스를 생산하게 되었다. 달리 말해, 상품의 성격이 생산 조직(이나 패러다임)을 결

---

16. [옮긴이] Alexander Galloway, *Protocol: How Control Exists After Decentralization*, MIT Press, 2004.

17. Stephen Baker, "The Next. Companies May Soon Know Where Customers are Likely to be Every Minute of the Day," *Business Week*, March 9, 2009.

정하는 게 아니라, 오히려 생산 영역과 유통 영역의 관계, 즉 생산과 소비의 관계가 상품과 서비스의 생산 방식을 결정한다. 예를 들어, 오늘날 "구글 모델"은 미국의 자동차 산업을 구제하기 위한 기업전략으로 제시되고 있다. 자동차 산업은 헨리 포드의 혁명에서 출발해 20세기의 역사를 만들어 왔지만 지금은 어느 모로 보나 위기의 진앙에 서 있다.[18]

이러한 측면에서, 『비지니스 위크』가 발췌문을 실었던, 제프 자비스Jeff Jarvis의 『구글노믹스』What Would Google Do? [19]는 의미심장하다. 자비스가 보여준 대로, 이번 위기를 극복하려면 자동차 산업이 고객 관계를 회복해야 한다. 자동차 산업은 고객-유저들과 직접적이고, 투명하고, 참여적이고, 창조적이고, 감성적이고, 유의미한 관계를 재건해야 한다. 흔히 네트워크의 창출, 혹은 인터넷상에서 불리듯이, 소비자 공동체의 창조는 오픈소스를 기반으로 혁신과 다각화, 브랜드 정체성을 공동생산한다. 따라서, 네트워크의 창출은 "구글 모델"이 가상세계를 넘어서, 어떻게 고도로hyper 물질적인 자동차 산업까지 확산되는지를 보여준다. 한 가지 덧붙이자면, 이러한 관리 혁명은 사실상 포드

---

18. Laurent Carroué, "Le coeur de l'automobile américaine a cessé de battre," *Le monde diplomatique*, February, 2009.
19. [옮긴이] 제프 자비스, 『구글 노믹스』, 이진원 옮김, 21세기북스, 2010.

주의 모델이 위기에 빠진 삼십 년 전부터 시작되었으며, 위기의 극복은 유통과 재생산 영역, 다시 말해 비오스bios, 곧 삶의 영역에 상존하고 있는 생산 전략들을 활용함으로써 진행되었다.

게다가, **인지자본주의** 연구는 인지/비물질 노동의 중심성을 강조하고 있으며, 나아가 다양한 형태의 협력에 초점을 맞추고 있다.[20] 지능은 기업과 영토의 구분을 가로질러 협력하고 있고, 사적영역과 공적영역이 협력하고 있으며, 부가가치 생산에 있어서 개인과 기업이 협력하고 있다. 이에 더하여 인지자본주의 연구가 보여주듯이, 고정자본(물리적 생산재)은 전략적 중요성을 점차 상실해가고 있으며 온갖 생산도구 기능은 노동력의 살아있는 신체로 이전되고 있다.[21]

"지식 경제는 기묘한 패러독스를 품고 있다. 기업이 볼 때, 상품의 생산에서 출시까지 막대한 연구개발 투자가 소요되기 때문에, 모든 신상품의 첫 번째 생산은 높은 비용을 수반한다. 하지만 다음 생산 단위부터 비용은 거의 들

---

20. [옮긴이] 인지자본주의에 대한 개괄적 설명은 다음 글을 참고하라. 조정환, 『인지자본주의』, 갈무리, 2011.
21. Christian Marazzi, *Capitalismo digitale e modello antropogenetico del lavoro. L'ammortamento del corpo macchina*, in J.L. Laville, C. Marazzi, ed. M. La Rosa, F. Chicchi, Reinventare il lavoro, Sapere 2000, Rome, 2005.

지 않는다. 이제부터 문제는 그저 원본을 복제하는 것이고 이마저도 값싸게 해낼 수 있기 때문이다. 이는 탈지역화된 생산, 가용 기술, 디지털화된 과정이 유발하는 편익 덕분이다. 결과적으로, 기업들은 자원과 노력을 아이디어의 생산에 집중시키려 한다. 그럼에도, 다른 한편으로 이들은 비용이 증대하는 경향에 맞서 싸워야 한다."22

실제로, 인지자본주의의 주요 특징 가운데 하나는 초기 비용과 추가 비용이 엄청난 격차를 보인다는 점이다. 초기 비용은 (특히 연구개발과 마케팅 등에 투자되기 때문에) 매우 높지만 상품의 지속적인 발명/혁신에 필수적이다. 반대로 상품을 추가로 생산해 시장에 출시하는 비용은 매우 낮으며 심지어 제로에 근접하곤 한다. 실제로, 비용을 체감遞減하면서 복제가 가능한 까닭은 사실상 하이테크 콘텐츠와 인지노동의 생산물이 갖는 성격 자체에서 발견된다.23

---

22. Codeluppi, 앞의 책, p. 24.
23. 이 주제에 관해서는 다음 기본 문헌을 참고하라. E. Rullani, *Economia della conoscenza. Creatività e valore nel capitalismo delle reti*, Carocci, Roma, 2004. 다음의 작업 역시 중요하다. *L'età del capitalismo cognitivo. Innovazione, proprietà e cooperazione delle moltitudini*, ed. by Yann Moulier Boutang, Ombre Corte, Verona, 2002. [다른 저자와 달리 부땅의 글은 영어판을 참조할 수 있다. Yann Moulier Boutang, *Cognitive Capitalism*, Polity, 2012－옮긴이.]

인지자본주의의 이러한 특징은 **수익체증** 이론을 주목하게 한다. 수익체증이란 상품의 재생산 비용이 급격하게 감소함으로써 발생하는 수익의 증가를 가리킨다. 수익체증 이론은 무엇보다 지식이 고도의 생산적이고 경쟁적인 생산 요소로 편입된 경제에 타당하다(이때 지식은 생산에 **내생적**이게 되는데, 다시 말해 기업의 **통상적인** 활동으로 통합된다). 데이비드 워시David Warsh는 『지식경제학 미스테리』*Knowledge and the Wealth of Nations : a Story of Economic Discovery*에서 수익체증 현상을 **빼어나게** 검토하고 있다.[24]

우리의 분석 수준에서, "핀공장" 사례를 반복하는 것으로 충분하다. 흔히 경제학들은 분업이 유발한 노동생산성 증가를 설명하기 위해 "핀공장" 사례를 이용한다. 워시가 언급하듯이, "핀제조업자가 초창기에 시장에 진입하고, 성장하여, 핀제조에 전문화한다고 가정하자. 새로운 장비와 핀제조 연구개발에 투자함으로써 말이다. 핀제조업자는 보다 좋은 강철, 보다 매력적인 포장, 보다 효율적인 유통망을 고안한다. 시장점유율이 높아질수록, 핀제조업자는 이러한 종류의 전문화를 점점 더 추구한다. 전문화가 진행될수록, 핀제조업자의 생산은 점점 더 효율화되고, 판매

---

24. David Warsh, *Knowledge and the Wealth of Nations : A Story of Economic Discovery*, W. W. Norton, New York, 2006. [데이비드 워시, 『지식경제학 미스터리』, 김민주·송희령 옮김, 김영사, 2008 - 옮긴이.]

가능한 가격은 점점 더 낮아진다. 가격이 낮아질수록, 핀은 점점 더 많이 판매된다. 점점 더 많이 팔수록, 수익은 점점 더 높아진다. 달리 말해, 동일한 노력을 들이고도 더 많은 수익을 얻게 되고, 따라서 규모에 대한 수익은 늘어나게 된다."[25]

분석이 이런 방식대로 진행되면, (오늘날 다국적 기업을 곧바로 떠올리게 해주는) 아담 스미스의 "핀공장"은 기업들이 기계와 산노동에 누적된 노하우를 소유한 채 **독점**을 향해가는 경향을 잘 보여준다. 이러한 상황에서, 시장에 최초로 진입한 기업이 싹쓸이하게 되고 시장에는 "아마도 수요보다 모자란" 핀이 공급될 것이다. 아담 스미스에 대한 이러한 설명은 다른 (보다 주류적인) 해석과 날카롭게 대립한다. 이러한 해석에 따르면, "보이지 않는 손", 즉 **자유 경쟁**이 시장을 지배하기 때문에 "어떠한 생산자도 지배적 위치에 설 수 없다. 누군가가 가격을 올리게 되면 그 즉시 제거되며, 따라서 가격은 곧바로 '자연 가치'를 회복한다. 결과적으로, 시장에는 소비자가 필요한 만큼 핀이 존재하게 된다." 달리 말해, [워시의 주장에 따르면] "핀공장은 비용 감소와 수익 증가를 증명한다. 반대로, 보이지 않는 손은 비용 증가와 수익 감소를 뜻한다."[26] 그리고 두 법

---

25. 같은 책, p.46.

칙은 본성상 서로 배타적이다.

그렇지만, 수익 증가는 생산 비용이 지속적으로 증가하는 경향에 의해 상쇄된다. 여기서 생산비용은 또 다른 일련의 요소에 따라 결정된다. 예를 들어, 시장 환율은 절상되고, 생산설비는 기술적으로 급속히 노후화되고, 고객의 요구는 까다로워지고, 부유한 고객의 욕망을 조장하려면 언제나 새로운 자극이 주어져야 하고, 기업들 간 경쟁의 강도는 심해지고, 기업의 광고는 사회에서 유행하는 다른 메시지와 경쟁해야 하고, 사회 체계는 점점 더 복잡해지고 있다.[27]

비용 상승에 대비하여, 기업들은 두 가지 형태의 외부화를 고안한다. 하나는 전체 활동 부문을 노동비용이 낮은 국가로 이전하는 방식이고, 다른 하나는 (면허, 특허, 저작권을 통해) 희소성을 창출하는 방식이다. 두 번째 방식은 독점적 판매가격을 부과해 초기 비용을 흡수하는 데 필요하다. 마지막으로, 기업들은 고정자산에 대한 직접투자를 감소시킨다. 예를 들어, 초기 비용을 줄이기 위해, 기업들은 "더 이상 자본재의 매입을 고려하지 않는다. 대신에, 이들은 필요한 유형자본을 리스 형태로 임대하고 단기 비용,

---

26. 같은 책, 80.
27. Codeluppi, 앞의 책, pp. 25~26.

즉 운영비용을 지불한다."[28]

산노동의 양적 증가는 생산의 전략적 수단(지각, 지식, 협력)이 노동력의 살아있는 신체로 이전된 현실을 반영하기도 하지만, 나아가 고전적인 생산수단의 경제적 가치가 경향적으로 줄어드는 현상을 설명해준다. 따라서 지난 몇 년간 주식시장에 대한 의존이 고용과 임금을 증가시키는 직접적인 생산적 투자를 무시했다고 해서 놀라면 안 된다. 오히려 그러한 의존은 그야말로 주주가치를 증가시키고자 했다. 어떤 방식이든 간에, 고정자본과 임금에 대한 투자를 리스 할부하는 현상[29]은 다음과 같은 사실을 보여준다. 축적의 동력은 기업 외부, 즉 사회 내부에서 생산된 가치를 화폐화monetization하는 것과 관련된다.

따라서 지난 삼십 년 동안 이윤의 증가는 축적을 동반한 잉여가치의 생산 때문이다. 그것이 전적으로 새로운 축적인 까닭은 축적이 고전적인 생산과정 외부에서 이루어지기 때문이다. 바로 이러한 측면에서, (부분적으로는 임

---

28. Jeremy Rifkin, *The Age Of Access: The New Culture of Hypercapitalism, Where All of Life is a Paid-For Experience*, Putnam Publishing Group, 2000, p. 41. [제레미 리프킨, 『소유의 종말』, 이희재 옮김, 민음사, 2001 — 옮긴이.]

29. [옮긴이] 오토파이낸싱(auto-financing)은 일반적으로 자동차 할부금융과 오토리스를 가리킨다. 여기서는 금융적 기법을 활용해 고정자본과 임금을 외부에서 임대하는 포괄적 현상을 뜻한다.

금 자체와) "이윤의 지대되기"라는 개념은 그것이 직접적인 생산 영역 외부에서 생산된 가치를 포획한 결과라는 점에서 정당하다. 기묘하게도, 오늘날 생산 시스템은 18세기의 경제 순환과 닮아 있다. 중농주의자들이 묘사했듯이 당시 경제 순환은 농업을 중심으로 했다. [프랑수아] 퀘네 Quesnay의 『경제표』*Tableaux économique*에서, 지대는 순생산량을 가리키는데, 순생산물은 임금노동자의 농업노동에 의해 생산되지만 지주에 의해 전유된다(여기서 농업노동은 자본주의적 소작농의 노동을 포함한다. 소작농의 소득은 나중에 [아담] 스미스와 [데이비드] 리카도가 규정하듯이 이윤이 아니라 소작인이 고용한 노동자의 임금과 동일하게 계산된다). 『경제표』에서, 물리적 생산 도구는 전혀 고려되지 않는다. 퀘네는 생산재(즉 불변자본)를 생산하는 자를 쓸모없는 계급으로 규정한다. 이들은 순생산물을 전혀 생산하지 않는 계급 가운데 활동적인 부분이다. 왜냐하면, 노동 도구의 생산은 투입되는 원재료에 아무 것도 부가하지 못하고 그저 원재료를 변형하기 때문이다.

순이익을 생산하는 요소에서 불변자본, 즉 생산재를 제거한 것은 중대한 실수였다. 이후, 제1차 산업혁명의 와중에 등장한 고전 정치경제학의 창시자들이 실수를 증명해보였다. 중농주의자들의 실수는 농업노동이 유일한 생산적 노동이라고 간주한 것이다. 그들이 보기에, 농업노동이 사물을 가지고 사물을 생산하기 때문이고 따라서 양적으로 **측정 가능하기** 때문이다. 그렇지만 중농주의자들의 실수는 **생산적인** 실수였다. 실제로 중농주의자들은 불변자본의 경제적 가치를 곧바로 발견하고, 나아가 가변자본과 불변자본의 질적 차이를 발견했기 때문이다(다시 말해, **일반적 노동**generic labor, 즉 노동이 수행되는 특정한 부문에서 **추상된** 노동을 발견했다). 결과적으로 중농주의자들의 실수 덕분에, 근대성을 자본주의와 근본적으로 구분해주는 인식론적 도약이 가능했다. 말하자면, 바로 이러한 실수 때문에, 자본과 노동이 질적이고 주체적subjective으로 **분리되어** 있다는 사실이 밝혀지게 되었고, 게다가 두 가지 "생산요소"는 모순적 관계에 처해 있으며 이런 관계 때문에 초기 자본주의의 위기가 증폭된다는 사실이 발견되었다. 이때부터 줄곧, 자본주의는 산노동의 주체적 재접합, 산노동의 투쟁과 열망, 산노동의 새로운 협력방식을 **뒤쫓아** 다녔다.

리카도의 지대이론에서 토지는 사회체를 좀먹는 생활형태라고 말할 수 있다. 그렇지만, 리카도의 (절대, 차등) 지대와 달리, 오늘날의 지대는 정확히 금융화 과정 자체 **때문에** 이윤에 포함될 수 있다. 금융화는 고유한 논리를 지니며, 특히 직접적인 생산과정을 매개로 화폐 낳는 화폐의 생산을 자율화한다. 따라서 금융화는 생명자본주의에서 전형화되는 가치생산의 외부화, 그것의 이면이다. 한편으로, 금융화는 잉여가치 생산의 **실현**에 필요한 유효수요 유발에 기여한다(다시 말해, 금융화는 대량의 지대와 소비를 창출한다. 그렇지 않을 경우 GDP 성장은 충분치 않거나 침체될 수 있다). 다른 한편으로, 금융화는 생명자본주의의 지속적 혁신과 생산성 도약을 단호히 **강제하며**, 따라서 주주가치를 우위에 둔 초과잉hyper 생산 논리를 — 상장 여부와 관계없이 — 모든 기업과 전체 사회에 부과한다. 금융화가 결정하는 이러한 생산성 도약은 자본의 "창조적 파괴"를 통해 체계적으로 수행된다. 여기서 창조적 파괴란 고도로 복합한 크라우드소싱 모델을 활용하여 가치증식 과정을 사회의 중심부로 계속 확장하는 것이다. 위기는 구조적으로 활발해진 이후 보다 철저하고 빈번해지고 있으며, 이로써 사회적 부에 대한 접근권은 반복적으로 파괴되고 있다.

그러므로, 1970년대 포드주의 위기에서 출발한 경제적 버블은, 유통 영역을 "자본주의가 식민화"하는 장기적인 과정에 위치한, 위기의 단계로 해석되어야 한다. 이 과정은 전지구적 과정이며 따라서 전지구화는 다음과 같이 설명되어야 한다. 곧, 전지구화란 전 세계와 지역의 사회경제적 주변부를 금융(생명)자본주의의 논리에 따라 차츰 포섭해가는 과정이다. 제국주의에서 제국으로의 이행은 또한 가치생산과정의 **외부화**라는 자본주의의 논리에 포함된다. 제국주의는 발전과 저발전의 의존관계를 가리키는 바, 여기에서 저발전 경제는 기본적으로 저렴한 원재료의 공급원일 뿐만 아니라 외부적인 판매처[시장]로 기능한다. 제국은 제국적 위계화로서 여기에서는 내부와 외부의 이분법이 붕괴된다. 금융화는 이러한 새로운 자본주의에 상응하는 도착적인 축적 양식을 가리킨다.

전지구적 통치의 위기

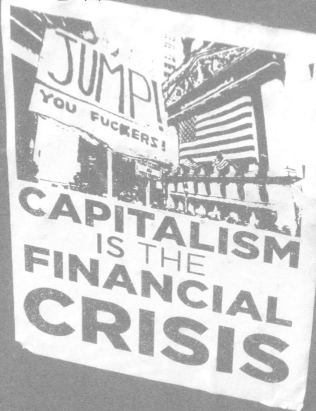

4장

전지구적 통치의 위기

2007년 8월 서브프라임 대출이 폭발하자 시작된 금융 위기는 갈수록 장기적 위기로 비쳐지고 있다. 위기는 신용 경색과 은행 파산을 동반하고 있으며, 금융당국은 구조적으로 위기를 진정시키지 못하면서도 끊임없이 개입하고 있다. 경제회복 조치는 엄청난 비용을 치르고 있으며, 개별 국가는 지불 불능 위험에 처해 있다. 디플레이션 압력이 상존하고 있고 인플레이션 폭발이 재발할 우려도 병존한다. 나아가 실업은 증가하고 있으며 소득은 감소하고 있다. 모든 점에서, 이번 위기는 **역사적**이다. 경제의 점진적 금융화 과정이 포드주의 축적의 위기와 함께 시작되었고, 이 과정을 거치면서 누적된 온갖 모순이 이번 위기에 응축

되어 있기 때문이다.[1]

그럼에도 불구하고, 현재의 위기가 결정되고 가속화된 계기는 1997~99년 아시아 위기에서 드러난다. 분명, 아시아 위기에 앞서는 전조적 위기들이 있었다. 예를 들어, 폴 크루그먼이 1998년에 출간한 『불황의 경제학』*The Return of Depression Economics*에서 분석하듯이[2], 멕시코와 아르헨티나의 위기, 러시아와 브라질의 위기, 롱텀캐피탈매니지먼트의 위기, 일본의 "잃어버린 십 년"이 있었다. 알다시피 크루그먼은 서브프라임론 위기와 은행의 총체적 위기를 보완하여, 2008년 이 책을 재출간했다. 이 같은 선례에도 불구하고, 아시아 위기는 국제 금융질서의 체제 변화를 상징했다. 전지구적 통화금융 시스템이 겉으로는 안정돼 보여도 거기에는 파괴적인 연쇄적 위기의 위험이 도사리고 있었다. 바로 아시아 위기를 계기로, 남반부와 아시아 국가들은 그러한 위험에 대비할 목적으로 외환보유고를 쌓기로 결정했다. 당시, 과도한 달러 차입으로 현지 통화 유동성이 높아지자 부동산 투기와 산업의 과잉투자가 성행했는데, [이것이 결국 위기를 유발했으며] 외환보유 대책은 이

---

1. 다음 글은 포드주의 위기가 한창이었던, 1970년대 시작된 은행 시스템의 탈규제를 분석하고 있다. Barry Eichengreen, "Anatomy of the Financial Crisis," *Vox*, http://www.voxeu.org/index.php?q=node/1684.
2. [한국어판] 폴 크루그먼, 『불황의 경제학』, 안진환 옮김, 세종서적, 2009.

런 사태를 예방하기 위함이었다. 이는 경제 모델의 근본적 변화를 가져왔다. 아시아 국가들이 국내 수요에 의해 추동되는 성장모형을 버리고 수출에 기초한 성장모형으로 전환했기 때문이다. 이러한 방식으로, 아시아 국가들은 특히 미국에 대한 달러 채무자에서 채권자로 변신했다. 외화를 쌓기 위해, 아시아 국가들은 "약탈적인" 국제 무역 정책을 펼쳤다. 이들은 환율을 대폭 절하했으며 물가를 경쟁적으로 낮추었고 국내 소비를 억제했다. 이 시나리오에 중국과 인도 같은 국가의 무역 개방을 덧붙이면, 아시아의 변신이 유발한 엄청난 디플레이션, [즉 가치하락]은 어쩌면 당연해 보인다. 경제활동인구의 전반적인 숫자가 급격히 늘어나면서 임금의 가치는 틀림없이 하락한다. 나아가 중국에서 생산되고 수출되는 산업 소비재의 가치가 하락하게 된다. 중국에 비해 영향력은 덜하겠지만 인도의 경우도 마찬가지다. 임금 디플레이션은 "다른 한편으로, 실물 경제 부문에서 만개한 기업들의 금융논리에 의해 심화된다. 기업들은 부채 및 레버리지 효과(이른바 레버리지 매입LBO)를 활용해 인수합병을 진행하고 있다."[3]

디플레이션의 위험은 인터넷 거품 위기 이후 점점 더 현실화되었다. 인터넷 버블의 팽창기(1998~2000년) 기업

---

3. Sapir, 앞의 책, p.5.

부채는 대규모로 누적되었고, 실제로 2002년을 기점으로 부채상환액이 폭증하자, 앨런 그린스펀Alan Greenspan의 연준은 확장적인 통화정책을 실시할 수밖에 없었다. 1990년대 일본이 경험했던 디플레이션의 악순환에 빠지지 않기 위해, 미 통화당국은 상당한 기간 동안 (대략 1퍼센트 수준으로) 이자율을 낮게 유지하기로 결정했다. 왜냐하면, 2002년 이후 몇몇 주요 기업(한 곳만 언급하자면 엔론 Enron)이 파산하면서, [단기적인] 통화 확장 정책으로 주식시장의 확실성이 회복될 수 없었기 때문이다. 어쨌든, 마이너스 실질 금리는 민간 부채를 보다 가속화시키는 한편, 은행들로 하여금 신용량을 확대하는 수많은 금융기법을 개발하게 만들었다. 이들 기법은 오늘날 지탄의 대상이 되고 있는, 저 유명한 금융증권화를 말한다(지금은 유독성 자산으로 유명하지만 말이다).

이러한 맥락에서 서브프라임 부동산의 버블이 발생한 것이다. 적어도 부분적으로, 마이너스 실질 이자율 덕분에, 기업들은 근근이 부채를 상환하고 있으며, 마찬가지로 미국 가계는 (대체로 억지로) 기하급수적인 부채를 짊어지고 있다. 이런 부채를 통한 소비증가는 미국의 민간 적자를 악화시키고, 결과적으로 아시아 국가들의 중상주의적 통화정책을 보다 강화한다. 아시아 국가들은 [자국 통화의] 평가절하에 대비하기 위해 엄청난 달러를 구매해야 하고 이로써 자신들이 획득한 이윤을 소모하고 있다. 왜냐하면 평가절하가 일어나면 대미 수출이 타격받기 때문이다. 이윽고 아시아 국가들이 쌓아둔 수익으로 국부펀드Sovereign Fund를 설립하고 있다. 한동안, 이런 국부펀드를 발판으로 서양 은행들이 위기를 벗어날 것처럼 보였다. 하지만 디플레이션 경향은 더욱더 심화된다. 왜냐하면 아시아 국가들의 무역흑자는 (아무리 불태화정책4에 돈을 퍼부어도) 수출국인 자국에 투자를 유발하게 되고, 이는 결국 [기존의] 저임금 경쟁력뿐만 아니라 품질과 고부가가치를 통한 신흥국의 경쟁력 강화로 이어지기 때문이다.

도식적이긴 하지만, 서브프라임 버블을 폭발로 이끈 동학을 이렇게 설명함으로써, 우리는 위기가 자본주의 축적의 매우 전지구적 배치 속에서 무르익었음을 알게 된다. 이러한 배치와 국제적 노동분업 하에서, 금융화는 금융 지대와 소비자 부채를 창출하였고 이 덕분에 **전지구적** 자본을 성장시킬 수 있었다. 여기서, 금융 지대와 소비자 부채는 외환거래를 통해 **체계적으로 조절되었다.** 특히 인터넷 버

---

4. [옮긴이] 불태화정책(sterilization measure)은 중앙은행이 자국통화의 가치를 외환시장의 영향으로부터 격리시킬 목적으로 시행하는 통화정책이다. 공공차관과 직접투자 등 외자가 국내로 유입되면 통화량이 증가하여 물가 상승으로 이어질 수 있다. 불태화정책은 이런 사태를 맞아 자국통화의 가치를 인위적으로 조정하는 시도이다.

블이 위기에 처하고 기업들이 채무조정에 나선 이후, 전지구적 경제가 성장한 까닭은 연쇄적인 외부화 과정을 통해 자본이 구조조정에 나섰기 때문이다. 여기서 목표는 산노동의 비용을 감축해 잉여가치량을 증대하는 것이다. 다만, 잉여가치량의 상승은 불변자본에 대한 투자 증가와 비례하지 않는다. 실제로, 특히 1998년과 2007년 사이에, (S&P가 선정한 500에 속하는) 대기업들은 계속해서 비투자성 이윤(잉여현금흐름5의 여유분)을 엄청나게 증가시켰다. 말하자면, 가계 저축의 감소와 부채 의존이 견인한 소비 증가와 함께, 대기업들이 유동성을 쌓았다는 것이다.

언제나 그렇지만, 자본의 위기는 확대재생산하는 경향을 지니기 때문에 파괴적이다(거래 순환의 전형적인 회귀운동처럼 말이다). 하지만 이번 위기는 일련의 앞선 위기와는 전혀 다른 사실을 드러낸다. 미국 통화당국이 (아무리 국제 통화를 탁월하게 관리해도) 자국 시장에 유입되는 유동성을 통제하지 못하는 사태 말이다. 이러한 결과는 "중상주의", 특히 1997~99년 위기 이후 아시아 국가들이 채택한 약탈적인 통화정책 때문이다. 이미 미셸 아글리에타와

---

5. [옮긴이] 잉여현금흐름(free cash flow)은 약자로 FCF라고 하며, 기업이 특정 회계 기간 동안 획득한 순(純)현금수지를 말한다. 간단히, 이는 현금의 투입과 회수를 나타내는 지표로 사용되고, 영업활동을 유지 또는 확대하면서도 자유롭게 사용할 수 있는 현금량이다.

로랑 베레비Laurent Berrebi는 (앨런 그린스펀이 재임 중에 "수수께끼"라고 언급한) 그러한 특수성을 지적했다.6 특수성이란 발전도상국과 산유국에서 [누적된] 유동성이 미국의 채권시장, 특히 재무부채권을 비롯한 페니메이, 프레디맥으로 유입되어 생기는 효과를 말한다. 발전도상국에서 끊임없이 유입되는 대규모 유동성은 실제로 재무부 채권을 포함한 채권의 장기 금리를 떨어뜨리고 있다. 통상적으로, (확정금리로 발행된) 채권의 시장 수요가 급증해 채권 가격이 상승할 경우, 동일한 [만기] 수익을 확보하려면, 그에 [반]비례하여 채권 금리, [혹은 이자율]이 하락하게 된다.7

미국 연준은 2004년부터 2007년까지 시장에 반복적으로 개입했지만, **그럼에도 불구하고** 장기 이자율은 하락했다. 당시 연준은 단기직접금리를 (1퍼센트에서 5.25퍼센트로) 급증시켜 신용량 팽창을 완화하려 했다. "보통은 장기 금

6. Michel Aglietta, Laurent Berrebi, *Désordres dans le capitalisme mondial*, Odile Jacob, Paris, 2007. [미셸 아글리에타 · 로랑 베레비, 『세계 자본주의의 무질서』, 김태황 · 서익진 · 정세은 · 서환주 옮김, 길, 2009 − 옮긴이.]
7. [옮긴이] 시장에서 계산되는 채권의 현재 가치(즉, 채권투자액)는 미래 가치를 금리로 할인한 가격이라 할 수 있다. 이를 단순하게 표현하면, 대략 현재가치=미래가치÷(1+금리)와 같다. 채권의 현가와 금리가 반대로 움직이므로, 정부가 채권의 공급량을 조절하여 현가에 영향을 미치면 결국 금리를 조절하는 것이다. 그런데 아래에서 언급하듯이, 최근 들어 이 같은 정부 개입의 메커니즘이 작동하지 않고 있다. 특히, 여기서는 미국 정부와 중앙은행이 금리를 상승시켜 인플레이션을 억제하려 해도, 국제 시장에서 대규모 유동성이 유입되어 금리가 하락하는 현상을 염두에 두고 있다.

리가 단기 금리보다 높아야 하지만, 이처럼 두 금리가 비정상적으로 역전된 특수한 상황이 벌어지면, 아무리 통화정책을 긴축적으로 운영해도, 당분간 미국의 신용 비용은 매우 낮은 상태를 유지할 수밖에 없다."[8] 금융시장에서 [싼 금리로] 대량으로 자금을 차입할 수 있기 때문에, 은행들은 리스크가 매우 높은 가계에 대출할 수 있는 여유를 가지게 된다. 결과적으로, 부동산 가격은 치솟아 미국의 경우 2006년 가을에야 하락했으며 유럽 각국에서는 2008년까지 상승했다(프랑스의 경우, 부동산 가격은 60퍼센트에서 80퍼센트까지 상승했고, 영국과 스페인은 10년 새 두 배로 뛰어 올랐다).

결국 미국 통화당국의 지배력 위기는 대외에서, 특히 발전도상국에서 유입되는 유동성 효과를 관리할 수 없다는 뜻이다. 선진국 내부의 거래 순환에 내재된 위기 경향이 증가하고 있지만, 아시아 위기 이후 진행된 전지구화가 사실상 이를 은폐하고 있다. 왜냐하면, 채권 리스크(특히 장기 채권)에 대한 프리미엄이 감소하면서, 금융부문은 온갖 가산적patrimonial 자산의 가치증식[과정]을 점점 더 가속화하기 때문이다. 다시 한 번, 이러한 과정과 관련하여, 위기 분석은 **시간적 차원**을 핵심적으로 고려해야 한다. 부동

---

8. Aglietta, *La crise*, p. 39.

산 위기의 징후는 이미 2004년에 명확해지고 있었고, 이에 따라 연준은 금리 인상에 베팅하기 시작했다. 하지만 해외에서 유입되는 유동성은 연준의 통화정책을 무력화했고, 결국 버블은 2007년 8월까지 계속 부풀어 올랐다. 이뿐만이 아니었다. 벌써 2006년 중반에 들어 부동산 가격은 정점을 찍었고 연말까지 하락했다. 하지만, 버블은 2007년 8월에서야 터졌다. 비로소 신용평가기관들이 (이제는 유독해진) 신용담보자산을 등급에서 제외했던 것이다. 다시 말해, 거래 사이클이 역전된 지 1년이 지나서야 거품이 붕괴한 것이다.[9]

달리 말해, 통화 지배력의 위기는 [실물]경제의 순환과 금융통화의 순환 사이에 있는 **격차**를 드러낸다. 일반적으로, 경제 순환은 금융통화의 순환보다 주기가 짧은 편이다. 모든 경기순환과 마찬가지로, 실물 경제의 순환에서, 위기는 (예를 들어, 부동산) 가격이 급등하여 수요 증가를 둔화시킬 때 시작된다. 그러니까, 수요가 증가하긴 하지만 매우 완만하게 증가하는데, 이젠 미래의 소득실현이라는 장밋빛 전망은 버블이 만개한 재화의 "비이성적인" 가격 폭등을 더 이상 뒷받침하지 않기 때문이다.

---

9. 아시아 위기 이후, 이와 같은 위기의 반복은 다음 글에서 확인하기 바란다. "When a Flow Becomes a Flood," *The Economist*, January 24, 2009.

"전통적인" 경제 순환에서, 이러한 둔화현상은 대체로 완전고용에 가까워지면 나타났다. 은행 시스템이 볼 때, 완전고용은 순환의 앞 단계에서 풍부하게 풀렸던 대출이 점점 더 느리게 상환된다는 뜻이다. 앞 단계의 경우, 수익 증가의 파고를 타고 대출은 손쉽게 이루어지고 과잉투기 가 촉발된다(이른바 금융의 과잉거래가 나타난다). 그렇지 만, 완전고용에 근접하게 되면, 채무를 짊어진 소비자와 기업들은 부채 상환의 어려움을 호소하기 시작한다. 왜냐 하면 (기업들은 수요하락 국면에 처하게 되어) 매출이 감 소하고 (가계는 인플레이션에 직면하게 되어) 가처분소득 이 하락하기 때문이다. 제1, 제2금융권 가릴 것 없이, 이때 부터 은행들은 이자율을 올리기 마련이다.

거래 순환이 역전되기 전에 일어나는 [금융의] 과잉거 래와 과잉투기는, 다름 아니라 상품과 서비스의 생산 외부 에서 수익을 창출하는 것이다. 즉, 경제 순환 내부에서 직 접적으로 창출되는 수요를 넘어, **추가적인 수요가 창출된** 다. 과잉거래는 아직 실현되지 않은 가상소득을 미리 지출 하도록 촉진한다. 이런 경향 아래, 금융증권화 자산은 과 잉거래를 바탕으로 폭증해 왔다. 비록 나중에 터무니없다 고 밝혀지더라도, 과잉거래는 미래소득의 실현이라는 전 제를 바탕으로 가상소득을 창조해주기 때문이다. 하지만 과잉거래가 반대로 뒤집힐 때, 즉 금융완화easy money 10 단계에서 떨어져 전형적인 신용 경색이 발생하면, 위와 같은 추가적 수요는 순식간에 붕괴하여 증발해버리고, 이에 경제 시스템은 불황에 접어든다. 이제 모든 부문의 기업 매출은 뚝 떨어지고 창고에는 재고가 쌓이기 시작하며, 가계는 해고 때문에 소득 감소를 겪기 시작하고/하거나 순환의 앞 단계에서 누리던 수준의 소비를 더는 향유하지 못한다. 이 순간, 위기는 전면적인 **과잉생산**의 위기로 드러난다. 또한 이 순간, 수요와 공급의 기능적 균형을 조정하기 위해, 위기가 전화하여 십중팔구 판매되지 않는 잉여는 **폐기**되거나 가치절하된다. 위기의 폭력성은 이러한 **자본의 파괴**에 존재하는 것이다. 게다가 생명자본주의에 이르면, 자본의 파괴는 인간 존재의 총체, 인간의 감정emotion과 느낌feeling, 정동affect까지, 다시 말해 자본이 가용하는 모든 "자원"을 타격한다.11

과잉거래의 붕괴는 그것의 전적으로 **사회적** 차원 속에

---

10. [옮긴이] 금융완화는 '이지머니'(easy money)라고도 한다. 일반적으로 금융완화는 금융시장에서 자금공급이 자금수요를 초과하여 자금조달이 용이한 상태를 뜻하며, 그 반대의 경우를 금융긴축, 혹은 '타이트머니'(tight money)라고 한다.

11. 하이먼 민스키(Hyman Minsky)의 이론에 따라, 다음 글은 금융이 경제 순환의 팽창과 수축 동학에 기여하는 바를 다루고 있다. 이를 참조하기 바란다. Robert Barbera, *The Cost of Capitalism: Understanding Market Mayhem and Stabilizing Our Economic Future*, McGrawHill, 2009.

서, 다시 말해 [가치] 실현 현상으로 출현한다. 여기서 실현은 한두 부문이 아니라 모든 부문이 동시에 생산된 상품과 서비스(따라서 이에 체화된 가치)를 판매한다는 말이다(특정 부문이 문제라면, 부문 간 보상을 고려하면 된다). 하지만 과잉생산의 원인이 과잉투기의 전복 — 다시 말해, 과잉거래 메커니즘이 창출한 추가적 수요를 날려버리는 경색에 있다면, 이러한 사실은 수요와 공급의 불균형이 경제 순환에 구조적이란 뜻이다. 달리 말해, 상품과 서비스의 공급이 과잉 수요의 원인인 것이다. 따라서, 수요와 공급이 근본적으로 같다고 전제하는 세이Say의 법칙은 거짓이다. 이는 위기 폭발이 대규모 은행 인출과 가계의 소비 지연(이른바 유보)과 관련되기 때문이며, 나아가 수요와 공급이 구조적으로 불균형하기 때문이다. 만일 사정이 이렇지 않다면, 과잉거래의 붕괴는 수요와 공급의 균형을 회복하겠지만, 그런 일은 결코 일어나지 않는다. 위기는 수요에 비해 공급이 초과된다는 사실, 즉 과잉생산이 거래순환에 숨어있다는 사실을 드러낸다. 바로 이 때문에, 새로운 추가 수요를 유발하기 위해 위기는 순환에 반하는 조치를 요구한다. 민간 경제에서는 광범위한 탈출이 일어나기 때문에, 오직 국가만이 이 같은 조치를 시행할 수 있다. 시장의 자동조절 메커니즘은 결코 위기 극복의 조건을 재건할 수 없다.

우리가 살펴봤듯이, 금융의 전지구화는 결산, 즉 순환의 역전을 지연시킨다. 정확히, 이는 실물 경제의 순환에서 역전의 징후가 나타나더라도 (예컨대, 부동산 가격이 고점을 지났음에도 불구하고) 기업과 고객에 대한 신용량이 계속 팽창할 수 있기 때문이다. 국제수지에서 나타나는 [전지구적 불균형] 경향에도 불구하고, 이 모두는 임박한 위기의 징후를 은폐하는 데 일조한다. 실제로, 고수익보다는 안전한 수익을 찾아 대규모로 유입되는 발전도상국의 저축을 미국이 해외직접투자를 통해 상쇄한다면, 미국 통화당국은 국제무역 불균형이라는 시종일관 엄연한 문제를 우회할 수도 있다(특히 다른 통화에 비해 달러가 약세일 때, 미국의 해외직접투자는 국내투자보다 수익성이 높으며 미국 기업들의 이익을 끌어올리고 있다).

게다가, 미국의 통화관리 위기를 억제해온 시간적 격차는 지역적 위기를 즉각적인 전지구적 위기로 전환시킨다. 분명히, 이러한 현상은 리스크와 유독성 자산이 [전 세계로] 흩어져 있기 때문에 가능하다. 유독성 자산은 오늘날 모든 사람의 투자, 가령 은행 포트폴리오, 보험, 헤지 펀드, 주식형 펀드, 퇴직기금을 감염시켰다. 하지만, 보다 자세히 살펴보면, 위기와 관련된 문제는 유독성 자산의 세계적 확산에 머물지 않는다. 이는 현재까지 전 세계 정부가 은행 및 보험 시스템을 구제하기 위해 엄청난 유동성을 쏟아

부었지만, 모든 조치들이 완전히 실패했다는 점에서 잘 나타난다.

따라서 이렇게 주장할 수 있다. 통화 지배력의 위기는 우리가 겪고 있는 위기를 단지 일부만, 오직 그 **발단**만 설명해준다고 말이다. 이를 증명해보자. 금융위기가 최악이었던 2008년 10월, 모든 사람들의 예상을 깨고, 달러는 모든 통화에 대비해 가치가 올라갔다. "뜻밖에도, 지난 몇 주 동안 달러는 다른 통화에 비해 점점 더 절상되었다."[12] 그렇지만, 2007년 8월 (서브프라임 위기가 한창일 때!) 달러가 재평가되고 나서 그랬듯이, 달러 가치는 다시 절하될 수 있다. 그렇게 되면, 전지구적 차원의 인플레이션 효과가 발생할 수밖에 없다(2007~2008년과 마찬가지로, 전지구적 인플레이션은 석유와 식품의 가격 급등으로 유발될 것이다). 그러므로 (미국, 영국 같은) 구조적인 적자국과 (독일, 일본뿐만 아니라) 발전도상국, 즉 흑자국들 사이에 존재하는 전지구적 불균형은 상당히 오랫동안 지속될 걸로 보인다. 다시 말해, 긴급 조치를 넘어 은행과 금융의 규칙을 재규정하려면, 상당한 시간이 걸릴 것이다. 현재 그러한 규칙을 통해 미국으로 유동성이 유입될 수 있었고, 이는 인터넷 위기에서 서브프라임 버블 붕괴까지 신용 레버리지

---

12. Eichengreen, 앞의 책.

효과를 가져왔다. 중국은행업감독관리위원회의 중역, 뤄 핑Luo Ping은 『파이낸셜 타임즈』와의 인터뷰에서, 중국이 미국 국채를 계속 매입하는 걸 이렇게 평했다. "우리는 당신네를 혐오합니다. 그렇다고, 뾰족한 수도 없어요."13

다음과 같이, 노골적인 도발성 질문을 던지는 걸로 충분해 보인다. 미국 통화당국과 나머지 국가들이 달리 무엇을 해야 할까? 확실히, 소 잃고 외양간 고치는 격이지만, 적어도 이렇게 말할 수 있을 것이다. 예를 들어, (정확히는 사후적인) 신중한 통화정책을 적용하고, 은행의 지급준비금을 증가시키고, 발행된 자산을 보다 적절히 통제하고, 서브프라임 대출에 기초한 금융증권화를 보다 엄격히 규제할 수 있을 것이다. 하지만, 한편으로 미국은 디플레이션 위험에 직면해 있고, 다른 한편으로 발전도상국들은 1997~99년의 위기 때문에 만신창이가 되고 나서 회복 중이라고 해보자. 이 상황에서, 미국 통화당국과 발전도상국의 중앙은행들은 무엇을 할 수 있었을까? 답은 이렇다. 지금까지 해온 것과 다르지 않다고. 한 가지 가설을 세워보는 걸로 충분하다. 만일 연준이 경상수지 적자를 억제하거나 완화하기 위해 보다 긴축적인 통화정책을 시행했다면, 아마도 미국의 경기는 후퇴했을 것이고 연쇄적으로 발전

---

13. Bill Powell, "China's Hard Landing," *Fortune*, March 16, 2009.

도상국의 경제가 주저앉았을 것이다. 게다가, 인플레이션이 아니라 디플레이션이 문제인 시점에서, 연준이 긴축적인 통화정책을 어떻게 정당화할 수 있었겠는가?

그저 다음을 떠올려보자. 오늘날 금융자본주의, 그리고 이에 조응하는 통화정책의 고유한 특징은 경제-금융 순환 내부에서 발생하는 현상을 외부에서 관리하지 못한다는 점을 말이다. 이에 대한 훌륭한 이론적 분석으로, 우리는 앙드레 오를레앙André Orléan, 미셸 아글리에타, 로버트 쉴러Robert Shiller, 하이먼 민스키, 조지 소로스George Soros, 프레데릭 로르동Frédéric Lordon을 꼽을 수 있다. 이들에 따르면, 금융업자들이 VAR모델[14]을 기초로 행동한다고 할 때, 다양한 행위자들의 인지적 기능과 조작적 기능, 즉 경제적 합리성과 모방적 행동을 구분할 수 없다고 한다. 완전 정

---

14. [옮긴이] VAR모델, 혹은 VAR위험관리모형은 'Value at risk models'의 약자이고 '바모델'로 읽는다. 이는 사실상 국제표준에 가까운 위험관리기법으로, 특정 기간 동안 금융상품에서 일어날 수 있는 최대손실 추정치를 확률적으로 계산하여 관리한다. 예를 들어, 목표기간 1년, 신뢰수준 95퍼센트에서 산출된 VAR이 10억 원이라면 1년 동안 발생할 수 있는 최대손실금액이 10억 원보다 적을 확률이 95퍼센트라는 의미로, 10억 원의 자금을 조달할 수 있는 능력만 있으면 시장위험이 통제된다고 본다. 결국 VAR모델을 활용하면, 투자자는 적은 자본으로 대규모 투자를 운용할 수 있다. 한편, 금융기관의 보유자산 가액과 채무액 간의 차이가 벌어질수록 VAR는 감소하고 위험에 대한 준비금이 줄어든다. 따라서 금융순환의 상승기처럼 자산가치의 시가가 계속 증가하면 VAR가 감소하므로 리스크가 과소평가되는 경향이 있다.

보와 시장 투명성을 전제로 한, 신고전파의 합리적 기대 이론은 오랫동안 이 논점을 제쳐두고 있었다. 합리적 기대 이론은 금융시장의 핵심적 요소, 즉 금융시장을 특징짓는 내재적 **불확실성**을 고려하지 않기 때문이다. 불확실성의 뿌리는 실물 경제와 금융 경제의 양립적 구분이 옅어지고 있다는 사실에 있다. 달리 말해, "효율적 시장" 가설15은 "시장 불안정" 가설로 대체되어야 한다. 시장 불안정이란 "공공재"로서 통화의 공적 성격에 내포된 구조적 불안정성을 말하며, 이로 인해 (패닉과 같은) 집합적 행동이 발생한다. 이러한 집합적 행동은 개별 경제 행위자의 합리성과는 무관하지만 그럼에도 시장기능의 본질적인 요소이다.

조지 애커로프George A. Akerlof와 로버트 실러에 따르면, 호모에코노미쿠스의 합리성은 경제 관련 행동 가운데 단지 25퍼센트를 설명할 뿐이다. 이미 케인스가 묘사했듯이, 나머지는 야성적 충동animal spirits에 이끌린다. 야성적 충동은 사람들이 "불확실성과 불장난하는" 습성을 가리키며,

---

15. [옮긴이] "효율적 시장" 가설(Efficient Market Hypothesis, EMH)이란 시장의 정보효율성과 관련된 개념으로, 자본시장의 가격은 이용 가능한 정보를 충분히, 즉각적으로 반영한다는 주장이다. 보통, 반영되는 정보의 범위에 따라 시장가설은 약형, 준(準)강형, 강형으로 구분된다. 약형의 가설은 현재의 금융자산 가격이 이용가능한 모든 과거 정보를 반영하며, 준강형 가설은 '공개된' 모든 정보를 반영한다는 것이다. 강형 가설은 비공개 정보를 포함한 '모든' 정보를 충분히 반영한다.

이 때문에 불확실성이 합리적 판단을 압도해도 사람들은 투자를 감행한다.[16] "이런 비非 경제적 동기는 분위기에 휩쓸리는 경향이 있으며 경제를 등락시키는 야생적인 변화에 종속되어 있다. 합리성은 정상적인 시기에는 훌륭한 지침이지만, (경제적 버블 같은) 긍정적인 스트레스와 (위기와 같은) 부정적인 스트레스의 상황에 처하면 쓸모가 없어진다. 우리는 위기를 전망하지도 못하고 극복할 수도 없다. 우리는 이 [위기라는] 요인을 계산하지 못하기 때문이다."[17] 사실 비정상적인 기간이 너무나 오래 지속되었다. 1985년부터 지금까지, 그러니까 시장의 탈규제화를 통해 경제를 신자유주의로 전환한 이후, 평균 2년 반마다 금융위기와/나 통화위기가 반복해서 일어났다. 이러한 현상은 신고전파 이론의 근본적인 전제, 즉 "시장은 자본을 최적으로 배분하고 위험을 최선으로 관리한다"는 주장을 위기로 몰아넣을 정도로 강력하다.

---

16. *Animal Spirits, How Human Psychology Drives the Economy and Why it Matters for Global Capitalism, Princeton University Press*, Princeton, 2009. [로버트 J. 쉴러·조지 애커로프, 『야성적 충동』, 김태훈 옮김, 램덤하우스코리아, 2009. 또한 다음 글을 참조하라. 로버트 J. 쉴러, 『버블 경제학』, 정준희 옮김, 랜덤하우스코리아, 2009; 로버트 J. 쉴러, 『새로운 금융질서』, 정지만·도은진·황해선 옮김, 어진소리, 2003 - 옮긴이.]
17. Giorgio Barba Navaretti, *Travolti dagli Animal Spirits,* "Il Sole 24 Ore," March 8, 2009.

실제로, [VAR모델처럼] 리스크 평가에 사용되는 확률 계산 모델은 존재론적으로 고유한 취약점을 지니는데, 이는 금융업자들의 상호작용이라는 [모델의] 외생적 본성에 기인한다.[18] 무슨 말이냐면, 리스크의 "평가 오차"는 이해갈등에서 비롯한 오류라기보다는, 혹은 그러한 오류뿐만 아니라, 규칙을 세울 수 없는 (존재론적) 불가능성이 표출된 결과이다. 이해갈등에서 생기는 오류는 전형적으로 신용평가기관의 추문에서 확인되지만, 존재론적 불가능성은 이른바 합리적 원칙에 맞도록 시장을 규율할 수 있는 규칙, 혹은 메타 규칙을 제정할 수 없다는 뜻이다. 이러한 불가능성은 다음과 같은 사실을 고려할 때 한층 분명해진다. 금융자산의 가치를 확정할 때, 예를 들어 새로운 회계 규준(바젤 II를 준수하는 국제회계기준IFRS)이 권고한 방식대로 계산하면, 자산의 공정가치는 자산의 시장가치와 거래된 가치, 즉 역사적 가치 사이에 나타나는 불일치를 기초로 계산된다(이러한 가치평가에 사용되는 기법이 '시가평가'이다). 그런데 이러한 가치평가 방법에는 모순이 존재한다. 다름 아니라, 공정가치가 가산적patrimonial 자산의 가치를 계산하는 준거로 사용되면, 이는 마치 보유한 부동

---

18. André Orléan, *La notion de valeur fondamentale estelle indispensable à la théorie financière?, Regards croisés sur l'économie. Comprendre la finance contemporaine*, March 3, 2008.

산이나 **실물** 자산의 **현재** 시장가치를 사적 개인이 집적 계산하는 것과 같다. 따라서 부채를 끌어와 자산 가치를 올리려는 강력한 유인이 존재하는 것이다. "이러한 계산법에서, 자산 구매자의 부채는 과소평가될 수 있다. 왜냐하면 자산 가치가 부채보다 빨리 상승하기 때문에, 자산은 파생적으로 부채를 커버하기 때문이다. 결과적으로, 시장가치를 지표로 삼기 때문에 은행업자들은 리스크를 파악하지 못한다. 이러한 리스크는 분명히 실재하지만, 그럼에도 불구하고, 훌륭한 표준을 반영했다는 회계규칙의 변수 계산에서 무시된다."[19] 이는 부채를 끌어오려는 강력한 충동을 낳게 되며, 실제로 경제의 거대한 금융화가 진행될 때 일어난 일이다. 바로, 시장을 규제해야 할 사람들이 국제적 수준에서 확립한 규칙 때문에, 경제가 금융화된 것이다!

협치governance의 위기는 이중적인 저항 때문에 발생했다고 주장할 수 있다. 한편으로, 선진국 대비 종속적인 지위를 유지하려고, 발전도상국들은 전력으로 저항했다. 이러한 저항은 아시아 위기 이후 발전도상국의 성장모델을 변경하게 만들었다. 실제로, 아시아의 수출지향 모델은 국내에서 재투자되지 않는 저축을 **금융** 지대로 전환했으며, 이제 금융 지대는 유동성을 외부로 전송함으로써 실현되

---

19. Aglietta, 앞의 책, pp. 18~19.

었다. 다른 한편으로, 미국 가계는 **사회적 지대** 전술, 즉 경제의 금융화를 "이용하면서도 거스르는" 전략으로 저항했다. 상당히 오랫동안, 미국 가계는 재정적으로 불안정하게 행동해 왔지만, 그만큼이나 사회적 재산권, 주택에 대한 권리, (부채를 통한) 상품과 서비스 소비라는 지형에 개입했다. 그리고 우리는 다음과 같은 사실을 염두에 두어야 한다. 바로, 가계의 그러한 행동은 국가가 교육이나 직업훈련과 같은 기초부문 투자를 축소하던 시기에 행해졌다. 그런데 투자축소가 교육비 폭증을 가져오자 가계는 자녀교육을 위해 빚을 질 수밖에 없었다. 민간의 지출 적자는 소득을 초과하는 모든 미국식 생활경향의 반영이 아니라, 1980년대에 시작된 자유주의적 전환과 뒤이은 복지국가의 위기에 뿌리를 둔 현상이다.[20]

---

20. 이 주제에 관해서는 다음을 참고하라. Colin Crouch, "What Will Follow the Demise of Privatised Keynesianism," *The Political Quarterly*, No. 4, October-December 2008. [콜린 크라우치, 제5장 「사유화된 케인스주의 : 규율을 대신한 채무」, 『왜 신자유주의는 죽지 않는가』, 유강은 옮김, 책읽는수요일, 2012. ―옮긴이.]

지리통화적 시나리오

지리통화적 시나리오

위기는 순환의 축적 국면 동안 성숙한 저항의 사회적 차원, 그리고 저항의 잠재적인 정치적 차원에 자본주의적 경제 질서를 재건한다. 그렇지만, 이번 위기는 전지구적 차원의 얽히고설킨 모순과 경직성을 바탕으로 폭발했으며, 그 결과 지역적인 케인스주의 개입으로는 절대 해결될 수 없다. 따라서 위기 극복이 가능하려면, 무엇보다 경제부흥책은 정확한 지리정치적 전략과 지리통화적인geomonetary 전략을 감안해야 한다.

현재의 위기에서 추론해 볼 때, 기본적으로 세 가지 중기(5년에서 10년) 시나리오가 존재한다. "첫 번째는 미국과 중국의 공조(차이메리카Chimerica), 따라서 달러와 위안

의 협정에 기초하고 있다. 두 번째는 러시아와 서유럽 열
강, 특히 독일과 프랑스로 게임을 확장한다. 이들 국가는
유로존과 루블의 특별 협약을 통해 결합한다(유러시아
Eurussia). 따라서 중국-미국의 축과 더불어, 슈퍼 브레턴우
즈 체제의 전제, 즉 모든 주요 열강 사이에 완전한 협정이
체결된다. 세 번째 시나리오에 따르면, (유럽의 해묵은 갈
등과 균열이 불거지면서) 불균형은 심화되고 결국에는 시
스템이 완전한 통제 불능상태에 빠진다. 파국이 쌓이고 쌓
여, 결국 1914년 8월을 재현하게 된다. 이번에는 지구적
수준에서 핵폭탄이 터지게 될 것이다."[1]

이 모든 시나리오의 전제는 미국 헤게모니의 쇠퇴, 즉
신용을 상실한 제국의 몰락이 불가피하다는 것이다. 신용을
상실한 제국, 이 표현은 세계에서 가장 강력한 국가가 채
무를 가장 많이 졌다는 아이러니를 함축한다.[2] 그런데 실
제로 위기는 아시아 국가 전체를 재앙적 수준으로 휩쓸고
있다. 중국에서 싱가포르까지, 그리고 일본에서 한국까
지.[3] 반면에 역설적으로 보일지 모르지만 여전히 미국은
저축의 가장 안전한 투자처 가운데 하나로 남아있다. 이렇

---

1. Lucio Caracciolo "L'impera senza credito," *Limes*, 5, 2008.
2. [옮긴이] 마라찌는 여기서 '크레딧'(credit)을 신용이자 부채라는 이중적 뜻
   으로 사용하고 있다.
3. "Asia's Suffering," *The Economist*, January 31, 2009.

게 보면, 미국의 쇠퇴라는 "자명한" 가설은 당연히 의심에 부쳐질 수 있다.

오늘날 위기는 복잡한 지리통화적 질서 안에서 무르익었다. 그러한 질서는 자기참조적인 이해관계로 엮여있는 수많은 행위자들이 증명하고 있다. 우선, 중국은 미국인들이 저축을 늘려야 한다고 요구할 수 있지만, 저축 증가가 대미 수출에 영향을 미치지 않는 수준에서 그렇게 한다. 미국은 중국이 통화를 절상하고 국내 소비를 증진해야 한다고 요구한다. 물론 미국은 과거에도 반복적으로 그렇게 했고 최근에는 벌벌 떨면서도 그렇게 한다. 그럼에도, 미국인들의 속내는 중국이 공채를 매입하지 않을까봐 두려워한다. 다른 한편으로, 이번 위기는 이미 신흥국들로 유입되는 민간 자본의 순량을 격감시키고 있다(2009년의 총액은 1천 650억 달러를 넘지 못했으며, 이는 2008년 4천 660억 달러의 절반, 2007년 자본 유입의 20퍼센트에 미치지 못했다). 신흥국 입장에서, 감세 조치와 파산한 서양의 은행 구제는 신흥시장과 동유럽에서 자금경색을 유발할 뿐이다. 게다가, 대체로 이들 조치는 신흥국의 공공 채무 상환액을 늘리고 있다. 앞서 언급한 대로, 공공 채무 상환이 증가하면서, 일부 아시아 국가들은 자구책으로 외환 보유고를 늘리는 한편 선진국 경제의 채권에 저축을 투자하고 있다. 결과적으로, 이런 대책은 미국의 신용 폭발을 촉진했던 것과 동일한 동학을 반복하게 된다. 달리 말해, 마틴 울프가 『파이낸셜 타임즈』에서 주장하듯이, 오늘날 금융자본주의에서 위기를 발달시킨 근원, 즉 근본적인 불균형은 상당기간 지속될 전망이다.[4]

따라서, 미 제국의 쇠퇴 때문에, 전지구적 불균형을 보다 잘 관리하기 위한 국제 협력 방식이 모색된 게 아니다. 그것은 사실상 어떠한 국가도 세계 경제의 리더를 자처할 수 없는 상황에서, 이번 위기가 장기화될 거라는 전망 때문이다. 2008년 8월 2일, 『인터내셔널 헤럴드 트리뷴』 _International Herald Tribune_ 의 기사에서, 데이비드 브룩스 David Brooks가 언급한대로, 오늘날 전지구적 시스템에서 자본주의는 결정을 내릴 수 없기 때문에 무력해진다. 권력의 분산은 "이론적으로 좋은 것이지만, 실천적으로 다극화는 보다 많은 집단이 집합적 조치에 보다 많은 거부권을 행사한다는 뜻이다. 실천적으로, 이 새로운 다원주의 세계는 전지구적 수준의 경화증, 즉 연쇄적인 문제를 해결하지 못하는 무능력 상태를 유발한다." 달리 말해, 위기는 경제-정치 헤게모니에 관한 [기존의] 일극적 개념과 다극적 개념 자체를 근본적으로 허물어버린다. 이른바, 위기는 새로운

---

4. "Why G20 leaders will fail to deal with the big challenge," _FT_, April 1, 2009. [또한 다음을 참조하라. 마틴 울프, 『금융공황의 시대』, 김태훈 옮김, 바다출판사, 2009 – 옮긴이.]

형태의 다원적 세계 통치를 모색하게 한다.

이러한 방향의 첫 번째 단계는 아시아 국가를 포함한 신흥국들에게, 만일 유동성 위기가 발생하더라도 고립되지 않을 거라고 보장해주는 것이다. 연준은 10월에, 이미 외환을 충분히 보유한 국가들이긴 하지만, 발전도상국 네 곳에 꾸준히 신용을 공급했는데, 이는 위와 같은 방향에 부응하는 혁신으로 해석되어야 한다. 그 목표는 정치경제의 행동을 보다 잘 조정하여 자본의 흐름을 재정향하는 것이며, 이를 통해 달러와 여타 통화의 균형을 유지하는 동시에 발전도상국의 국내 수요를 촉진하는 것이다. 이러한 전략은 유로존 국가들을 포괄하고 있다는 사실을 언급해 둘 필요가 있다. 독일 또한 구조적으로 무역흑자 상태에 있으므로, 독일 대외 수요의 하락을 상쇄하려면 국내 수요를 회복시키는 방안을 강구해야 하기 때문이다.

또한 우리가 보기에, 이러한 지정학적 통화전략을 실행하려면 당분간 국제통화기금의 역할은 매우 제한적일 수밖에 없다. 무엇보다, 이에 소요되는 자금이 국제통화기금의 재정능력을 가뿐히 넘어선다. 실제로, IMF의 운영은 중장기적으로 개편될 예정이다(가장 중요한 조치는 IMF의 유동성을 계속 증가시키는 것이었다. G20은 유동성을 5천억 달러로 늘리기로 결정했으며, 기관의 내부 권력 역시 미국에서 신흥국으로 재분배하기로 했다). 여기에는 단순한 이유가 있는데, 미국이 중기적으로 "예방"대출제도[5]를 통해 발전도상국을 도와준다고 보증할 수 없기 때문이다. 한편, 프랑스 대통령 사르코지Sarkozy는 IMF를 확대 재무장하여 슈퍼 브레턴우즈 체제를 구축하자고 여러 차례 주장했다. 하지만 이 체제의 성격은 지난 수십 년 동안 미국의 신자유주의 정치를 집약해온 IMF와 전혀 다를 바 없다.

여기에는 미국에서 각광받고 있는 논문이 영향을 미치고 있다. 이 논문은 국제통화기금의 규정을 다루고 있는데, 이전까지 국제통화기금은 경상계정[6]의 태환성[7]만 보

---

5. [옮긴이] 우선, 탄력대출제도(flexible Credit Line, FCL)는 건전한 경제구조에도 불구하고 일시적으로 외환이 부족한 국가를 대상으로, 국제통화기금이 선제적으로 자금을 지원해 위기를 예방하는 제도이다. 다음으로, 예방대출제도(Precautionary Credit Line, PCL)는 FCL의 기준에는 미치지 못하지만, 건전한 정책을 수행하는 국가 가운데 희망국에 한해 사전 유동성을 공급한다. FCL은 기초 경제구조가 좋은 국가에 한해서만 대출이 가능하지만, PCL은 모든 국가가 그 혜택을 받을 수 있다. FCL이 2009년에 도입되었지만, 국제통화기금의 자금 대출에 따른 낙인효과를 우려해 대출실적이 저조했으며, 이에 IMF이사회는 2010년 대출한도 폐지와 인출기간 연장을 덧붙여 FCL을 개선하고 PCL을 신설했다.

6. [옮긴이] 경상계정은 기업이나 국가 등 경제단위가 행하는 거래 가운데, 규칙적이고 지속적으로 반복되는 거래의 수지(收支)를 나타낸다. 국제 수지상에서, 경상계정은 실물거래를 반영하는 수입과 지출의 차액이다. 국제 수지는 경상계정과 함께, 자금의 흐름을 나타내는 자본계정으로 구성된다. 경상계정은 첫째, 수출입 수지를 뜻하는 무역수지, 둘째 관광, 운임, 보험료 등의 수지를 뜻하는 무역외 수지, 셋째 이민자의 모국송금, 무상 경제협력 등의 수지를 나타내는 이전수지로 구성된다. 한편 자본수지는 기

축소는 미국 통화의 가치절하를 동반하게 되고, 결과적으로 분명 중국의 수출은 타격 받을 것이다. 그러므로 중국과 미국 모두, 적어도 당분간은, 선진 적자국(미국과 영국)과 흑자국 사이에 존재하는 근원적인 불균형을 건드리지 않을 테고, 이렇게 판단할 때 국제통화제도의 개혁은 상당히 의심스러워 보인다.

조셉 하레비Joseph Halevi는 [2009년] 5월 2일, 런던에서 열린 G20 정상회의의 결과를 다음과 같이 논평했다. "『파이낸셜 타임스』 3월 31일자에서, 마틴 울프는 런던 G20 회의의 성과를 평가할 명쾌한 기준을 제시했다. 울프의 질문은 이렇다. 과연 그들이 결단을 내려 세계적 수요를 적자국에서 흑자국으로 옮길 계획을 제안할 것인가? 울프는 그들이 이 사안을 다루는 시늉조차 하지 않을 거라고 전망했다. 결국 울프의 생각이 맞았다. 『뉴욕타임즈』가 보도했듯이, 발전도상국에서 국제수지 위기가 발생하여 대출이 필요할 경우, G20은 IMF에 1조 1천억 달러를 제공하기로 합의했다. 하지만, 이 신문이 지적하듯이, G20은 세계적 수요를 촉진할 아무런 방안을 내놓지 못했다. …… 심지어 G20은 마틴 울프가 『파이낸셜 타임스』에서 강조했던 문제를 해결하기는커녕 취급조차 하지 않았다. 그렇지만, 문제를 실질적으로 해결하려면, 무엇보다도 유로존의 임금 디플레이션을 중단시키고 일본과 중국 경제의 생산구조를 근본적으로 재편해야 한다."[14]

실제로, 이번 위기를 기회로, 적자국들의 국내 부채가 더 이상 흑자국들의 국내 저축으로 상쇄될 수 없을 것이다. 폴 크루그먼이 언급하듯이, "2년 전 우리가 살았던 세계에서, 중국은 투자보다 저축을 더 많이 했고 이 과잉 저축을 미국에 처분할 수 있었다. 이제 그런 세계는 사라졌다."[15] 진정으로, 국제통화 시스템을 개혁하여 전지구적 차원의 근원적인 불균형을 반복하지 않으려면, 우리는 실질적인 초국가 통화를 마련하는 방향으로 나아가야 한다. 예를 들어, 케인스가 1944년 브레턴우즈에서 제안했지만 좌절된 방코르Bancor [16]나 수년 간 프랑스 경제학자 베르나르 슈미트Bernard Schmitt가 이론화해온 초국가 통화처럼, 국가

---

14. "G20 and Inter-capitalist Conflicts," first published in *Il manifesto*, April 4, 2009.

15. "China's Dollar Trap," *New York Times*, April 3, 2009.

16. [옮긴이] 방코르(Bancor)는 1941년 영국의 경제학자 케인스가 처음 제안했던 국제결제시스템을 말한다. 이는 1944년 브레턴우즈 회의에서 공식적으로 제안되었지만, 미국의 금달러본위제에 밀려났다. 방코르는 실물 화폐가 아니라 일종의 국제통화결제시스템으로서, 세계중앙은행인 국제청산동맹(ICU)에 각국이 방코르 계정을 개설하고, 이 계정을 통해 결제하는 방식이다. 케인스는 각국이 ICU로부터 배정받은 한도를 초과할 경우 이자를 물고 환율을 내리도록 했고, 반대로 수출 증가로 방코르가 축적될 경우에도 일정액 이상은 이자를 부담하고 환율을 올리도록 했다. 케인스는 불완전한 형태이긴 하지만, 지나친 국제금융과 무역불균형을 억제하고 자유무역을 촉진하는 국제 단일통화와 세계중앙은행을 설계했던 셈이다.

의 구매력을 반영한 순수한 수단을 확립해야 한다.

이러한 관점에서, 현재의 위기를 극복할 수 있는 관건
은 경제적 측면보다는 **정치적** 측면에 달려 있다. 따라서,
전지구적 차원의 자본주의 축적 블록은 두 가지 시나리오
의 대립이라는 시각에서 해석되어야 한다. 한편으로, 이번
위기가 매우 오랫동안 지속될 가능성, 혹은 적어도 유사한
위기들이 체계적으로 이어질 가능성이 존재한다. 다른 한
편으로, 위기 극복을 위해 국제통화시스템이 재규정될 수
도 있다. 이것은 국가 주권과/이나 지역 축을 바탕으로 무
역균형을 목표로 한다.[17]

그때까지는, 오바마 행정부가 뉴딜정책을 얼마나 해낼
수 있는지 주시하는 게 나을 것이다. 현재까지는 대표적으
로, 건강보험 개혁과 함께 보건투자가 이루어졌고 교육투
자도 진행되고 있다. 특히, 이들 두 조치는 감세 정책에 비
해 고용 촉진에 효과적이다. 오늘날, 가처분소득이 증가해
봤자 대부분은 소비재 수요로 이어지지 않기 때문이다.[18]
다양한 경제부흥책 가운데, 무엇보다 면밀히 검토해야 하
는 게 있다. 바로 주택소유자지원대책Homeowner Affordability

---

17. Martin Wolf, "Why President Obama Must Mend a Sick World
    Economy," *Financial Times*, January 212009.

18. Michael Mandel, "The Two Best Cures For the Economy," *Business
    Week*, March 23~30, 2009.

&Stability Plan이다. 한편으로, 이 대책의 목표는 모기지 금리를 낮추어 주택수요를 되살리는 것이며, 페니메이와 프레디맥에 유동성을 공급하여 정상적인 대출을 보다 활성화하는 것이다. 다른 한편으로, 이 대책은 파산 판사에게 권한을 부여하여 파산한 가구주 소유의 대출을 조정하게 한다. 이 조치로 인해 중요한 역사적 선례가 마련된 셈이다. 현재 미국에서, 파산법정은 주거지primary residence에 대한 대출을 변경할 수 없기 때문이다.[19]

전체적으로, 금융안정화계획FSP에 따라 취해진 은행과 보험 시스템의 다른 구제책에 비해, 위와 같은 정책은 혁신적인 금융조치로 보인다. 물론, 잘 알려진 대로 금융안정화계획은 지금까지 전혀 쓸모가 없었으며, 폴 크루그먼의 말대로 사실상 대실패였다. 미국 가계에 모기지 조정기금refinance funds을 제공하는 계획은, 오늘날 세계 은행시스템을 마비시키고 있는 파생상품의 가치를 회복시키는, 실제로 유일한 기술적 조치이다. 융자가 30년 거치로 계약되기 때문에, 모기지 조정은 공공 적자에 직접적인 영향을 미치지 않을 것이다. 달리 말해, 이 계획의 전망에 따르면, 압류상태에서 벗어나는 가구가 4백만 개에 달하고, 결과

---

19. James C. Cooper, "Job One: Build a Floor Under Housing," *Business Week*, March 9, 2009.

적으로 파생증권상품의 실질적 가치가 회복된다. 게다가, 이 계획은 지금까지 취해진 어떠한 긴급조치보다도, 훨씬 많은 은행을 구제할 것이다. 원칙은 명확하다. 바로, **통화시스템을 개혁하려면 기본부터 시작하라.**

사실, 방만한 대출의 함정에 빠진 주택소유자를 구제할 때, 그 대책의 기술적 측면이나 미국적 특수성도 중요하지만, 무엇보다 중요한 요소는 바로 원칙이다. 다시 말해, 이 조치의 토대에 있는 **철학**이 중요하다. 이 조치는 요모조모 따져볼 게 적지 않다. 첫 번째, 이 조치는 적어도 맹아적으로 공통재common good에 관한 **사회적 소유권** 문제를 제기한다. 분명히, 이러한 권리는 오늘날 상상할 수 있는 유일한 권리, 즉 사적 소유권을 제한하고 있다. 달리 말해, 오늘날까지 공통재에 관한 접근권이 **사적 부채** 형태를 취했다면, 당연히 이제부터는 그러한 접근권을 일종의 **사회적 지대**로 인식해야 한다(그리고 그러한 권리를 되찾아야 한다). 금융자본주의에서, 사회적 지대는 [사적 부채를 통한] 재분배의 형태를 취한다. 말하자면, 사회는 재분배를 통해 모든 사람에게 존엄한 삶을 영위할 권리를 부여한다. 그런데, 사회적 지대는 그 자체로 수많은 영역에 접합될 수 있으며, 특히 **교육소득보장권**의 형태로, 교육 및 지식 접근의 영역과 접합될 수 있다.

두 번째, 미국의 새로운 민주당 정부에서, 이러한 뉴딜정책은 두 가지 층위, 즉 통상적으로 상충하는 두 가지 계획을 결합하는 게 가능해 보인다. 한편으로, 국지적 요구 수준을 우선시하는 지역적인 개입이 존재한다. 그러한 요구의 결집은 위기가 소득, 직업, 삶을 파괴한 지점에 정확히 개입함으로써 가능하다. 다른 한편으로, 뉴딜정책은 전지구적 차원을 지닌다. 뉴딜정책의 목표가 금융수단의 경제적 가치를 회복하는 데 있기 때문이다. 정의상, 금융수단의 경제적 가치는 전지구적 금융의 순환, 즉 온갖 종류의 금융기관과 투자펀드의 포트폴리오에서 탄생했다. 실제로, 이번 위기의 가장 심각한 위험 가운데 하나가 국민국가의 내향적 폐쇄성이다. 다시 말해, 국민국가들이 다른 나라의 보호주의 조치를 이겨내고 시장을 회복할 목적으로, 경쟁적인 평가절하에 나서는 현상 말이다. 이런 일이 벌어지면 대체로 전쟁으로 이어진다.

마지막으로, 뉴딜정책은 시간이라는 매우 결정적인 성격을 지닌다. 사실 가계에 대한 지원은 사회적 지대를 보장하는 방식을 취하므로, 이는 결국 미래에 대한 투자라 할 수 있다. 앞서 언급했듯이, 기본으로부터의 개입은 공공 채무를 즉각 대규모로 증가시키지 않으면서도, 장기적인 시간 지평에 따라 행해진다. 먼 미래를 보고, 보육에 대한 투자, 그리고 학교교육과 직업시장 진입교육에 대한 투자가 이루어짐으로써, 새로운 세대의 질적 발전은 보다 공고해 질 수 있다.

오랜 시간이 걸린다는 말은, 즉각적인 이윤을 얻어야 한다는 불안에서 해방되어, 사람들이 자신의 미래에 투자할 수단을 상호 부여한다는 뜻이다. 이는 자기 자신은 물론이고 우리가 살아가는 환경을 돌본다는 말이며, 우리가 사회적 책임을 지고 성장한다는 의미다. 분명히 말해, 소비와 생산, 투자의 의미를 문제시하지 않고 이번 위기를 극복한다면, 금융자본주의의 전제조건이 재생하게 될 것이고 결과적으로 금융자본주의의 성쇠에 따른 폭력이 부활할 것이다. 나아가, "중요한 것은 시간이고 인간은 무의미하다"는 철학이 되살아날 것이다. 인간이 전부이기 위해, 우리는 인간 존재의 시간을 되찾아야 한다.

6장

나오며

6장

나오며

2008년 가을 리먼브러더스가 파산한 이후 2010년 6월 토론토 G20 정상회의까지, 금융자본주의의 위기는 점점 더 깊어졌을 뿐만 아니라 훨씬 더 복잡해졌다. 2년 동안, 국가가 나서 은행과 보험 등 금융기관을 구제하고 모든 산업부분에 개입했지만 결국에는 이른바 "국가부채 위기"가 나타났다. 국채 위기의 원인을 몇 가지 꼽자면, 우선 국가가 은행 구제를 책임졌기 때문이고, 다음으로 지난 15년 동안 자본과 고소득에 대규모로 감세혜택을 주어왔기 때문이다. 그리고 경기후퇴에 따라 재정수입은 전형적으로 감소했지만, 반대로 사회복지 관련 비용은 증가했으며, 국채 소유자에게 지불되는 이자가 상승했기 때문이다.

같은 시기, 국가에 의해 긴급 구제된 은행들은 오히려 경제적, 정치적 [권력을] 집중하고 강화해 나갔다. 국가는 이윤 회복을 위해 낮은 금리를 제공했으며, 이를 위해 주식시장과 국채[시장]에 거의 배타적인 직접 투자를 감행했다. 이러한 정책 때문에, 은행들은 위기가 한창일 때 지원받은 자금을 변제할 수 있었고, 덕분에 그들에게 가해지던 모든 정치적 간섭에서 벗어나, 오히려 회생 조건을 주도하는 위치를 되찾을 수 있었다. 서브프라임 폭탄이 터진 지 삼년이 지나자, 금융기관의 정치적 권력은 금융부문에 가해진 대부분의 긴급한 법률 개혁을 완화하고 철회할 지경에 이르렀다. 특히, (〈글래스-스티걸 법〉Glass-Steagall Act of 1933의 노선에 따라 제안된) 상업은행과 투자은행의 분리는, 2010년 6월에 가결된 〈도드-프랭크 금융규제법〉Dodd-Frank US Financial Regulation에서 무력화되었다. 〈도드-프랭크 법〉에 따르면, 금융-은행 시스템은 "너무나 긴밀히 연결되어 있어서" 앞으로 오랫동안 "실패하지 않을 것이다."

아직까지, 공사公私 부문 막론하고 은행들은 서브프라임론 투기 물결이 유발한 불량 채권을 떨쳐내지 못하고 있으며 설상가상으로 포르투갈, 이탈리아, 그리스, 스페인PIGS 등의 국가채무에 고도로 노출되어 있다. 이처럼 이중의 위기에 빠진 은행을 구제하기 위해, 유럽연합과 IMF는 금융지원에 나서고 있지만 그 대신 언급된 주변국은 가혹한 내핍 정책을 강요받고 있다. 그러나 채무국에 제공되는 지원은 사실상 유럽의 주요 은행, 특히 독일과 프랑스의 은행을 구제하는 조치에 불과하다. 결국에 "자본재편"이란 표현은 다음과 같은 일련의 국면을 은폐하고 있다. 다시 말해, 미국의 서브프라임 위기가 진행되던 시기처럼, 지금 은행들은 회계의 불투명성 때문에 더 이상 서로를 신뢰하지 않으며, 은행 간 단기자금시장이 사실상 폐쇄되었다. 또한 유로의 평가절하 때문에 발생한 공채 발행의 어려움은 공채를 휴지조각으로 만드는 동시에 금리를 상승시키고 있다. 역으로, 이러한 현상들은 대다수 채무국의 부채 비용과 적자를 가중시키고 있다. 2010년 7월 23일 공표된 스트레스 테스트[1] 결과에 따르면, 유럽 지역 91개 은행 가운데 단지 7개만 가설적인 금융 충격을 견딜 수 있었다. 그런데 이러한 결과에도 불구하고, 대세는 전혀 바뀌지 않았으며 은행들은 지금도 시장의 스트레스 테스트에 노출된 채 방치되어 있다. 이러한 "금융 케인스주의"는 중앙은행

---

1. [옮긴이] 스트레스 테스트(stress test)는 원래 정보통신분야에서 유래했다. 이는 컴퓨터 하드웨어나 소프트웨어에 대량의 데이터를 단기간에 돌린 다음 정상작동 여부를 조사하는 것이다. 하드웨어나 소프트웨어 중에는 소규모 데이터를 다루는 데는 문제가 없지만 갑자기 과부하가 걸리면 이상을 일으키는 경우가 있기 때문이다. 이 개념은 최근 금융위기를 계기로 금융 분야에도 널리 확산되고 있으며, 특히 어떤 극단적인 시나리오가 전개될 경우 금융기관의 부실자산 발생 여부와 대응역량을 평가한다. 간략히 말해, 극단적인 시나리오 하에서 금융기관의 내성을 평가하는 것이다.

이 성장과 고용을 촉진하는 투자 대신에 금융은행 부문의 구미에 맞게 통화를 찍어내는 걸 말하는데, 결국 이렇게 할 경우 위기만 순전히 지속될 뿐이다.

미국의 경우, 2010년 3월 연준은 부동산 연계 채권을 인수하는 프로그램을 확정했다. 이때부터 증권시장이 정지되었으며, 따라서 담보대출에 신용을 결합해 판매하는 은행들의 통로가 막혀버렸다. 결과적으로, 미국 은행들은 신용대출의 기준을 강화할 수밖에 없었다. 유럽의 경우, [미국처럼 자본시장이 아니라] 주로 중앙은행이 은행시스템에 자금을 공급한다. 따라서, 은행들은 신용 정책을 원하는 대로 자유롭게 운용하지 못한다. 결과적으로, 중앙은행이 이자율을 거의 제로에 가깝게 결정하고 팽창적인 화폐 정책을 사용해도, 경제 내의 신용은 계속해서 제한된다. 우리는 "유동성 함정"에 갇힌 죄수와 같다. 이 상태에서는 화폐 금리가 아무리 낮아도 소비와 투자는 촉진되지 않는다. 오히려, 사람들은 비현실적인 인플레이션의 복귀와 이자율의 상대적인 상승을 고대하곤 한다. 이미 일본은 1990년대에 비슷한 상황을 경험했다. 전체적으로, 신용 긴축과 내핍 조치는 디플레이션의 악순환을 가져오고 있다. 폴 크루그먼이 주장하듯이, 이 같은 악순환은 1873년의 공황, 그리고 1929~31년의 위기와 맞먹는 침체로 이어질 수 있다.

이러한 상황은 지정학적 맥락을 고려하면 훨씬 복잡해진다. 미국, 유럽, 발전도상국의 갈등은 토론토 G20 정상회의에서 명확하게 표출되었다. 오바마 행정부는 강력한 무역 흑자국들(즉 독일, 중국, 일본)이 경기 확대 정책을 채택하여 [전지구적] 경제 회복을 뒷받침하고, 나아가 미국의 역할을 대신해 달라고 요청했다. 그렇지만 유럽은 긴축적인 재정 정책을 지속하기로 결정했는데, 이는 회원국들이 직면한 신뢰 위기, 즉 공공 채무의 부도 위기에 대처하기 위함이다. 따라서, 타협은 사실상 존재하지 않았다.

미국은 "케인스주의" 금융정책을 펼칠 능력을 소진해버렸다. 미국의 적자는 눈덩이처럼 불어나고 있으며 추가적인 경기후퇴에 맞서기 위해 연준은 화폐를 계속 찍어낼 수밖에 없는 상황이다. 이는 위험한 캐리 트레이드[2]를 추동하고 있다. 투자자들은 달러 부채를 낮은 비용으로 조달하여 높은 수익의 채권에 투자하고 있다. 미국의 팽창적인 통화정책과 재정정책으로 말미암아, 그나마 미국과 유럽

---

2. [옮긴이] 캐리 트레이드(carry trade)는 저금리로 조달된 자금으로 다른 국가의 특정 유가증권이나 상품에 투자하는 국제거래를 말한다. 즉 이자가 싼 국가에서 빌린 돈으로 수익이 높은 다른 국가에 투자하는 것이다. 예컨대, 금융기관은 일본에서 낮은 금리로 자금을 조달해, 미국의 장기채권이나 석유, 금, 구리 등 원자재나 신흥시장의 증시 등에 투자할 수 있다. 이는 투자 성공 시 고수익을 거둘 수 있지만 위험 역시 높다는 양면성을 지니고 있다. 부록의 용어 해설을 참조하라.

은 2008~9년의 침체에서 회복할 수 있었다. 하지만 잘 알려진 대로 이들 정책은 중단기적으로 효과적이지 않았다. 예를 들어, 한편으로는 높은 실업이 유지되었고 다른 한편으로는 국가 지원이 중단되자 부동산 시장의 위기는 재발해버렸다.

유럽의 경우, 대다수 국가들은 내핍 정책을 취했고 이로 인해 침체 효과가 발생했지만, 유로의 가치하락은 이를 상쇄할 수 없었다. 오히려, 유로의 평가절하는 오직 경제적으로 튼튼한 국가, 예를 들어 유로존 밖에서 대부분의 수출 실적을 올리는 독일에게 유리했다. 유럽 각국은 공통적으로, 공공부문의 고용과 사회복지 지출, 그리고 임금을 가혹하게 삭감하는 정책을 채택했고 나아가 "경쟁적인 인플레이션 억제조치3"를 취했지만, 이에 대한 전략적인 관점은 다양했다. 특히, 독일과 프랑스가 정치적으로 대립하고 있는 실정이다. 이들은 유로존 블록의 규모, 재정균형화 정책, 유럽중앙은행과의 관계를 놓고 충돌하고 있으며, 또한 예산 규율이 방만한 국가들에 개입하는 방식을 두고

---

3. [옮긴이] 인플레이션 억제조치(disinflation)는 인플레이션을 극복하기 위해 통화증발을 억제하고 재정과 금융을 긴축하는 경제정책이다. 이는 인플레이션에 따라 통화가 팽창하여 물가가 상승할 때, 통화량과 물가수준을 '현재수준'으로 유지하면서 인플레이션을 안정적으로 '서서히' 수습한다. 물가를 인하하면 생산수준이 저하되어 실업이 증가하기 때문이다.

갈등하고 있다. 두 나라는 권력 투쟁을 벌이고 있는 것이다. 이미 프랑스는 국제시장에서 입지를 상실했지만, 반대로 독일은 내핍 정책을 부과해 유럽을 지배하고자 한다.

국가 채무 위기에서 드러난 사실은 유로존의 창설이 지난 수년간의 상황, 즉 양진영의 분열을 감출 수 있었다는 것이다. 한쪽에는 독일을 위시하여, 독일의 수출에 연동된 배후지 국가들이 존재하고, 다른 한쪽에는 유로존의 인접국들과 루마니아, 폴란드, 발틱해 국가, 헝가리가 버티고 있다. 전자는 산업적으로 강력한 국가들이지만, 후자의 경우 이런 중심국들이 자신의 흑자를 공사(公私)부문에 재투자해야 비로소 경제가 성장할 수 있다.

이러한 유럽의 순환은 지난 수년간 미국과 중국 사이에 형성된 순환과 닮아 있다. 여기서, 흑자국은 자신의 저축을 국내의 임금인상과 사회복지에 투자하지 않고, 대신에 부채를 메우려고 발행한 적자국들의 국채에 투자한다. 앞서 언급했듯이, 이러한 특수한 경제적, 금융적 순환을 통해, 특히 부동산 모기지의 금융증권화 덕분에, 미국의 서브프라임 위기는 쑥쑥 자랐던 것이다. 여기서, 중국 자본의 유입은 미 재무부 채권의 금리를 낮추었고 이에 따라 부동산 모기지의 금융증권화가 촉진되었다. 미국-중국 간의 순환에서는 통화가 둘이었던 반면에 유럽의 경우는 하나였다. 이 점만 놓고 보면, 유럽의 순환도 어느 정도 유사한 방식으로 진행되었다. 그럼에도 불구하고, 통화의 숫자는 사소한 차이가 아니다. 유로존 내부에서 구조적 불균형이 발생해도, 새로운 통치구조가 등장할 여지가 없기 때문이다. 예를 들어, 미국과 중국의 경우, (2008년 위기 이후 중국이 활용했듯이) 인프라 투자를 통해 국내 수요를 진작할 수도 있고, (달러의 평가절하, 위안화의 높은 변동성처럼) 환율정책을 활용할 수도 있지만, 유럽은 이런 선택지를 이용하지 못한다.

유로존의 흑자국들은 유로화를 과도하게 평가절하할 수 없다. 왜냐하면, 순환이 이루어지려면 중심국의 은행들은 인접국의 국채를 매입해야 하는데, 만일 유로가 약세로 돌아서면 이들 은행이 부도위험을 감수해야 하기 때문이다. 다른 한편으로, 무역 적자국들이 엄청난 재정 적자를 감수하더라도 공공 적자를 확대하는 부양책을 실시했다고 치자. 그러고도 현재 유럽에서 나타나듯이, 이들이 공공 적자를 뚜렷이 해소하지 못하면, 적어도 중기적으로는 유로존의 순환은 현재와 같은 상태를 반복할 뿐이다. 유로가 평가절하되면 무역수지 상으로 단기간에 3천억 달러의 자산이 발생하지만, 과연 누가 그렇게 많은 자산을 흡수할 수 있을지 불투명한 것이다. 분명히 말해, 미국은 아니다. 미국의 소비자들은 감당할 수 없는 가계 부채 때문에 여전히 허덕이고 있다. 마찬가지로 중국도 아니다. 중국이 수출국에서 수입국으로 전환하려면 오랜 시간이 필요하다.

아마도 우리는 유럽의 탈유럽화, 즉 유로의 해체로 끝나게 될 역사적 과정을 목도하고 있는지 모르겠다. 일부 애널리스트에 따르면, 빠르면 2010년 말쯤, 독일이 유로존을 탈퇴할 가능성을 배제할 수 없다고 한다. 왜? 독일은 수출지향적인 정치경제를 유지하려 할 것이고, 이제 잉여자본의 재투자를 인접한 유럽국이 아니라 아시아나 브라질로 이전하려 할 것이다. 이러한 전망은 이중속도의 유럽이라는 시나리오보다 가능성이 높아 보인다.[4] 이중속도 시나리오에 따르면, 유럽은 단일 통화를 사용하지만 권역을 (강한) 유로1과 (약한) 유로2로 분할한다. 여하튼, 관건은 유럽 은행시스템의 생존, 유럽 내부의 권력관계, 유럽과 미국의 권력관계에 놓여 있다. 그런데 미국과 중국 사이에 약한 유로가 끼어있기 때문에, 적어도 환율의 측면에서 미중 관계는 이미 매우 불안정하다. 유로화가 약세라면, 중국은 수출 경쟁력을 유지하기 위해 달러 대비 위안화를 절하할 수밖에 없다.

---

4. [옮긴이] 유로존을 이중속도(two-speed) 유럽으로 분할하자는 방안은 전(前) 프랑스 대통령 니콜라 사르코지(Nicolas Sarkozy)가 공론화해서 회자되었다. 이는 유럽연합 회원국 가운데 성장 속도가 빠른 몇 개 나라들, 특히 독일과 프랑스 같은 경제 강국 위주로 세금과 재정정책 등의 통합을 강화하되 성장 속도가 느리고 경제가 부실화된 나머지 국가, 특히 스페인, 그리스, 포르투갈, 아일랜드 등을 따로 분리해 이원화하자는 발상이다.

애초에, 유로는 달러와 미국의 통화정책으로부터 유럽을 보호할 목적으로 구상되어 출범했다. 유럽연합의 헌법은 주로 자본시장 통합을 중심으로 했기 때문에, 유럽의 경제적, 사회적 통합은 가능하지 않았다. 회원국들은 부를 생산하고 분배하는 새로운 방식을 도입하였지만 이에 상응하는 복지정책을 통합하지 못했다. 이 때문에 유럽 헌법은 임금 및 재정 정책을 [통합적으로] 채택하지 못했다. 아마도, 그와 같은 조정은 "유럽공동환율제"[5]의 도입으로 가능했을지 모른다. 유럽공동환율제 하에서, 회원국들은 각자의 전망과 필요에 따라 자국의 통화를 관할할 수 있었다. 반면에, 유로화, 사실상 국가 없는 통화는 경제와 공적 지출을 금융화하는 수단으로 작동했다. 유로는 유로존 내부의 무역 불균형을 해소하기는커녕 이를 악화시켰다.

전지구적 수요가 위축되고 국내 성장이 저하되면, 중국 정부는 자발적으로 임금을 올리고 생활수준을 향상시키려 할지 모른다. 이렇게 함으로써, 유럽의 경쟁국들이

---

5. [옮긴이] 유럽공동환율제(European Monetary Snake)는 현행 유럽통화제도(European Monetary System)의 모체가 되었던 공동변동 환율제도를 말하며 1973년부터 1979년까지 유지되었다. 환율변동 모양이 마치 동굴 속을 움직이는 뱀과 같다 하여 스네이크제도라고 불렸다. 그 뱀의 둘레, 즉 환율의 변동폭은 중심평가환율의 상하 2.5퍼센트 사이에서 결정되었고, 회원국들은 그 한도 내에서 국내 상황에 맞도록 환율을 마음대로 조정할 수 있었다. 반면에, 비회원국들에 대한 환율은 공동으로 결정되었다.

사회국가를 해체하려고 안간힘을 쓰는 동안, 중국 정부는 비현실적으로 위안화를 절상하는 게 아니라 점진적으로 사회국가를 건설함으로써, 자신의 국제적 영향력을 전략적-정치적으로 확대할 수 있을 것이다. 2008년 1월, 신노동법을 도입한 이후, 중국 노동자들의 임금은 실제로 17퍼센트 이상 인상됐으며, 또한 일본과 미국의 다국적 기업에 맞선 파업은 증가 일로에 있다. 지금까지 중국의 투자는 국내의 소비재 수요를 희생시키고 대신에 주로 인프라 투자에 의존해 왔지만, 신노동법은 이러한 투자 구성을 변화시키는 기능을 한다. 나아가 신노동법은 임금 조절을 둘러싸고 미중 관계가 변화할 수 있다는 최초의 신호이기도 하다. 실제로, 최근 몇 년 동안, 미국 노동자의 구매력은 매년 1천 달러씩 증가했는데, 이는 중국의 저렴한 노동비용 덕분이며 미국의 슈퍼마켓에서 팔리는 값싼 상품 때문이다. 그런데 추산에 따르면, 중국의 소비가 20퍼센트 증가할 경우, 미국의 상품 수출은 250억 달러 정도 증가하고, 이에 따라 20만 개의 일자리가 창출될 수 있다. 그래도 완전고용은 요원하지만, 새로운 전기를 맞은 중국의 노동자 투쟁이 전지구적 경제의 균형을 재조정할지 모른다. 이는 매우 흥미로워 보인다.

실비오 안드리아니Silvio Andriani가 명쾌하게 종합하듯이, "위기를 극복하려면 어떤 종류의 발전이 우리에게 도움이 될 수 있을까? 투자의 반등을 끌어내는 두 가지 가설을 세워볼 수 있다. 물론, 어느 누구도 재분배 혜택을 늘리자고 주장하지 않기 때문에, 한 가지 방안은 가계부채를 통해 민간소비를 회복하는 것이다. 다른 하나는 미국이 민간소비의 증가를 견인하는 것이며, 당연히 낡은 발전 모델의 재개를 요구하는 방안이다. 그런데 이번 위기는 애초에 낡은 모델이 지속될 수 없었기 때문에 발생한 것이다. 설령 이러한 시나리오가 가능하다손 치더라도, 그것은 다음번 위기를 위한 기반을 닦는 것에 불과하다. 물론 다음번 위기는 지금보다 훨씬 더 심각할 것이다. 십중팔구, 그러한 가설은 비현실적이며, 게다가 '제3의 침체'가 일어나고 보호주의적 반발이 강화될 위험이 매우 현실화될 것이다."

첫 번째 위기가 유발한 민간수요 하락을 만회할 목적으로, 부채를 조달해 공적 수요의 양적 증진을 도모한다면, 이는 도저히 이해할 수도 없고 충분하지도 않은 대책이다. 이럴 경우, 거의 틀림없이, 수년 동안 전지구적 차원에서 누적되어 왔던, 흑자국과 적자국의 구조적 불균형은 점점 더 악화될 뿐이다. 이는 또다시 이 책에서 개진된 일련의 질문을 불러내게 만든다.

첫 번째 질문은 다음과 같은 논점의 해석과 관련된다. 금융화, 1970년대 말에 출발한 금융화의 점진적 발전, 실물 경제와 금융화의 관계 말이다. 우리가 내세운 테제는 금융화란 포스트 포드주의적 자본주의의 이면이라는 것이다. 다시 말해, 금융화는 포스트 포드주의에 "조응하면서도 전도된" 형태이다. 그렇지만, 이러한 사실이 금융자본주의에 면죄부를 안겨주진 않는다. 자본축적의 새로운 과정과 금융화가 동질적이라는 주장은, 선량한 실물 경제와 사악한 금융 경제가 존재한다는 19세기적 관념을 넘어선다는 뜻이다. 그러한 관념에서, 두 세계는 갈등한다. 금융은 실물 경제에 "대립한다." 다시 말해, 금융은 자본을 탈취하여 자본의 생산적 사용을 억제하고 고용과 임금의 창출을 저해한다. 분명히, 금융의 논리가 작동하는 방식, 그리고 공공부채와 민간부채를 증가시키는 투기적 버블은 실물 경제에 영향을 미쳐 조금씩 불황을 자극하게 된다. 그런데, 금융자본주의가 전지구적 수준에서 융성한다고 경제를 **탈금융화**해버리면 위기가 해결될까? 전혀 그렇지 않다는 데 문제가 있다. 다시 말해, 실물 경제와 금융 경제의 보다 균형 잡힌 관계를 재구축한다고 해서, 예를 들어, 1930년대 미국이 사회국가의 건설에 투자했듯이, 산업부분의 투자를 증대한다고 해서, 결코 위기는 극복되지 않는다.

이제, 금융은 자본 순환의 시작부터 끝까지 곳곳에 스며들어 있다. 생산과 소비의 모든 활동은 직접적이든 간접적이든 금융과 얽혀 있다. 부채-신용 관계는 **투기적 논리**에 따라 상품의 생산과 교환을 규정하고 있다. 다시 말해, 투기적 논리는 (이론상 생산되었거나 생산예정인 모든) 상품의 사용가치를 사실상의 잠재적인 금융자산으로 변형하며, 이러한 금융자산이 잉여가치를 산출한다. 서브프라임 버블 가운데 주택 시장에서 일어났듯이, 금융화된 사용가치에 대한 수요, 그리고 그것이 내포하는 부채는 [주택과 같이] 금융화된 상품의 가격이 **상승**할수록 점점 더 증가한다. 이러한 현상은 신고전파 이론이 전형적으로 가정하는 수요와 공급의 법칙을 완전히 무시한다. 신고전파 이론에 따르면, 가격이 올라가면 수요는 감소해야 한다. 그렇지만 경제순환의 상승국면이 끝나면, 금융화된 상품의 폭등한 가격은 새로운 구매자를 찾지 못해 하락하기 시작한다. 이때 (명목으로 고정된) 부채 수준과 (변동 가능한) 금융자산 가격의 모순은 난폭하게 폭발한다. 약정에 따라 채권을 행사할 경우, 이러한 폭발은 금융자산의 헐값매각을 부채질한다. 다시금, 헐값매각은 가격을 점점 더 하락시키고 이에 따라 매물은 점점 더 늘어난다(이러한 악순환을 보통 부채 디플레이션 함정이라고 부른다).

거의 삼십 년 동안 기업, 소비자, 국가를 사로잡았던 부채 위기는 캐리 트레이드에 기초하고 있다. 캐리 트레이드는 저렴한 비용으로 차입하여 높은 수익을 낳는 채권에 투자하는 방식을 말한다. 그런데, 미국의 경제학자 하이먼 민스키가 몇 해 전에 이론화했듯이, 부채 위기는 그 자체로 금융자본주의에 내재적일 뿐만 아니라 주기적이다. [경제] 순환의 상승 국면, 즉 경기가 좋을 때 기업과 소비자, 국가는 점점 더 많은 리스크를 감수하려 한다. 달리 말해, 이들은 부채를 지도록 고무된다. 처음에 그러한 투기는 수익성이 높으며, 그렇기 때문에 점점 더 많은 행위자들이 금융자산의 가격 상승에 힘입어 부채 전쟁에 뛰어든다. 이러한 확산 과정은 신규 참여자들이 부채상환 능력을 담보하는 한 지속되지만, 그 방향이 역전되어 위기로 접어들면 끝장나게 된다. 이때 부채상환 문제가 처음 나타나기 시작하고, 결국에는 자산의 헐값 매각을 촉발하고 금리 상승을 부추긴다.

　전지구적 금융자본주의 아래, 통화당국이 활용할 수 있는 금리 변동폭은 매우 제한적이다. 이는 국채, 특히 미 재무부 채권에 대한 투자 흐름 때문이다. 투기 거품을 잡기 위해 중앙은행이 금리 상승을 결정해도, 오히려 이러한 투자 흐름이 부채 악순환의 팽창 국면을 증폭시킨다. 물론 오늘날 이자율이 사실상 제로에 가까운 탓도 있지만, 실물경제에 신용을 공급하는 역할은 이자율보다는 은행간시장에 의존하고 있다(은행간시장은 은행들이 [장외에서] 계좌거래를 통해 [단기자금을 대차하는] 대규모 시장을 말한다). 흔히 유동성 공급이 실패하면 은행금융 시스템은 위기에 빠지고, 이를 구제하기 위해 공적 개입이 추진된다. 그런데 공적 개입은 그게 국가적 차원이든 초국가적 차원이든, 두 가지 측면을 분명히 보여주고 있다. 첫 번째로, [경제] 순환의 확장 국면에서 부채를 통해 생산된 잉여가치를 메우려면, (과잉생산의 위기를 방지하기 위한) 추가 수요가 필요하다. 두 번째로, 경기상승 국면에서 생산된 상품의 향유를 배제하는 과정이 요구된다. 따라서 정리해고가 실시되고 생계조건은 악화되고 있다. 이러한 국면을 거치면서, 산업자본과 은행자본은 집중되지만 과잉생산된 상품은 헐값으로 처분된다.

서브프라임 위기의 극복은 민간 부채를 공공 부문으로 이전시켰다. 하지만 어지러울 정도로 치솟은 공공 채무는, 무엇보다, 납세자의 돈으로 쌓아올린 금융자본의 사회화 때문이고 금융당국이 창출한 유동성 때문이다. 이는 **자본의 코뮤니즘**이라 할 수 있다. 여기서, 국가, 즉 전국민collectivity은 "금융 소비에트"의 필요에 봉사한다. 다시 말해, 시장의 독재를 사회에 강제하는 은행, 보험회사, 투자펀드, 헤지펀드의 욕구에 복무한다. "자본의 코뮤니즘"은 역사적 과정과 생산 과정의 변화를 배경으로 한다. 1970년대 중반 뉴욕시가 퇴직 기금에 의존해 공공 채무를 조달하면서, 새로운 역사적 과정은 시작되었다. 곧이어 새로운 생산과정의 변형이 전개되었고, 이는 부를 창출하는 토대

와 노동의 성격 자체를 변화시켰다.[6]

　금융화에 대한 분석은 상당히 논쟁적인 몇 가지 질문을 제기한다. 첫 번째 논점은 이윤율과 축적률의 관계에 있다. 지난 삼십 년간 빈번했던 금융위기에도 불구하고 이윤율은 지속적으로 상승했는데, 이에 비하면 턱없이 부족하긴 하지만 축적률 역시 전지구적 수준에서 꾸준히 증가해 왔다. 다니엘 알바라신Daniel Albarracin이 언급하듯이, "데이터에 따르면 아시아와 발전도상국에서 상당한 축적이 나타난다. 이러한 축적은 미국, 일본, 유럽이 보여준 퇴보를 대부분 상쇄하고 있다." 두 [지역의 축적] 비율 차이는 분명히 한쪽은 번창하는 중이고 다른 한쪽은 상대적으로 빈곤이 증가하기 때문이다. 그렇긴 하지만, 이러한 역사적 관점은 두 비율의 차이를 직접적으로 해명하지 못한다.

　우리가 볼 때, 선진국, 아시아국, 신흥국 사이에 나타나는 축적률 차이는 현대 자본주의의 **전지구적 형태**를 바탕으로 분석되어야 한다. 한편으로, 우리는 초국적 기업의 전략적 역할을 염두에 둬야 한다. 초국적 기업은 발전도상국의 높은 성장률에서 직접적인 이익을 끌어내며, 그곳에서 실현된 잉여가치를 본국으로 송금하여 금융시장에 투

---

6. [옮긴이] 자본의 코뮤니즘과 관련해서는 다음 글을 참조하라. 안토니오 네그리 · 에티엔 발리바르 외, 『자본의 코뮤니즘, 우리의 코뮤니즘』, 연구공간L 옮김, 난장, 2012.

자한다. 다른 한편으로, 우리는 조정과 개입, 초국적 통제를 위한 새로운 정치적 도구의 출현을 환기해야 한다. 예를 들어, 여기에는 G20, IMF, 세계은행, 세계무역기구WTO가 해당하며, 발전의 주요 지역축에 위치한 중앙은행도 포함한다. 자본의 전지구화는 주변부 경제를 내부화하며, 네그리Negri와 하트Hardt가 이론화한 **제국**을 형성한다. 비록 상이한 형태들과 접합되지만, 착취의 논리는 변함없이 제국을 지배하고 있으며, 초국가적 자본주의 과두제는 제국의 부를 압도적으로 전유하고 있다. 오늘날, 남과 북, 즉 중심과 주변의 관계는 축적과정 **내부로** 들어왔다. 모든 "외부"는 이미 자본주의 성장 과정의 "내부"에 있다.

우리가 제국주의(달리 말해, "내부"와 "외부", 중심과 주변, 발전과 저발전의 [외부적] 관계)가 아니라 제국의 관점에서 사유한다고 해서, 전지구적 자본주의의 내적 모순은 과소평가되지 않는다. 분명히 미국과 유럽, 아시아국과 발전도상국은 상이한 전략을 택한다. 예를 들어, 각국의 전략은 투자의 선택, 통화정책, 성장촉진 정책, 수출의 역할, 공공부채 조달 방식 등에서 다양하게 결정된다. 우리는 오늘날 자본주의에서 작동하고 있는 실질적 모순을 분석하면서 저러한 다양성을 확인했다. 그러나 이러한 모순은 "협조적 경쟁"의 프레임 속에서 전개된다. 협조적 경쟁의 통합적 목표는 한편으로 노동력의 착취과정을 확대하고, 다른 한편으로 전유의 논리에 따라 부를 재분배하는 것이다. 이 같은 프레임은 국제 관계의 위기 가능성을 배제하지 않는다. 즉, 전지구적인 위계적 통제질서를 복원하기 위해 보호무역 조치와 국지전이 발발하고, 이에 따라 탈전지구화의 위험한 과정이 전개될 수 있다. 우리가 겪고 있는 위기는 매우 모순적이고 드라마틱한 결과를 가져올 수 있다. 왜냐하면 위기는 오랫동안 지속될 것이고 이로부터 총체적인 긴장관계가 출현하고 있기 때문이다.

현대 자본주의 분석이 참조해야 할 두 번째 논점을 살펴보자. 여기서 핵심적인 문제는 낡아빠진 이데올로기적 도식을 전제하지 않고 금융화를 해석하는 것이다. 의심할 바 없이, 이윤율과 축적률의 분리가 발생한 까닭은 주식가치를 부양하여 투자자, 특히 대형 투자기관으로 잉여가치 (배당금과 이자)를 이전하는 정책 때문이다. 이는 노동조건을 악화하고, 임금을 직간접적으로 압박하고, 노동을 불안정하게 만들고, 모든 생산 부분을 외주화하기 때문에 가능하다. 이는 노동 비용을 최소화하고 고용을 감축하여 이윤을 끌어올린다는 뜻이며, 금융지대를 보장하기 위해 이윤의 일부를 금융시장에 투자한다는 말이다. 자본의 이동성, 즉 높은 이윤율을 보장하는 발전도상국으로 자본이 움직이고 기업이 탈지역화하는 현상은 새로운 보편적 번영의 물결을 촉구하지 않는다. 오히려 자본의 이동성은 소득의 극단적 양극화를 동반하는 이윤 상승의 총체적 과정을 가리킨다. 우리는 전지구적 축적률에 의해 지탱되는 성장의 악순환을 목도하고 있다. 게다가, 지난 수십 년 동안 눈부시게 발전한 산업의 기술혁신은 포드주의 시대처럼 누적적 성장을 촉진하지 않는다. 대신에 기술혁신의 적용은 노동 비용을 점점 더 압박하고 노동일을 점점 더 강화하고 있다.

우리의 분석에 따르면, 1980년대 초부터, 금융의 팽창은 가치의 추출과 전유 과정을 사회 전체로 확장하는 또다른 기제였다. 실제로 금융화, 그리고 이를 특징짓는 주기적 위기는 노동의 생명정치biopolitics라는 관점에서 해석되어야 한다. 포스트 포드주의 생산전략으로서, 노동의 생명정치는 사람들의 총체적 삶을 노동에 투입한다. 여기서 (맑스가 『그룬트리세』Grundrisse에서 **일반지성**이라고 부른) 노동력의 지식과 인지능력은 포드주의 시기 기계가 수행하던 역할을 넘겨받는다. 그러한 지식과 능력은 협력하는 살아있는 생산적 신체 속에 구현되며, 이때 언어, 정동affect, 감정emotion을 비롯한 관계적이고 의사소통적인 모든 역량은 가치 창출에 기여한다.

이렇게 가치 생산을 외부화하는 과정에서, 대체로 소비자는 상품과 서비스의 공동생산자가 된다. 바로 이러한 관점에서, 금융화는 이윤율과 축적률의 분리가 가져온 결과로 해석되어야 한다. 분리 과정, 즉 이윤이 증가해도 불변자본과 가변자본, 정확히는 자본재와 임금에 대한 투자가 침체되는 현상은, 노동의 **성격** 변화라는 관점에서 설명될 수 있다. 그러한 분리 상태에서, 잉여가치의 추출, 즉 부불노동의 추출은 직접적인 생산과정 외부에 위치한 포획장치를 통해 수행된다. 이때 포획장치가 활용하는 기업조직모델은, 작업장 밖에서 계발된 노동력의 생산적, 창의적, 혁신적 능력을 뽑아낸다. 나아가, 금융지대를 생산하기 위해, [자본의] 이윤과 노동자의 저축(퇴직연금)은 자본재에 투자되어 임금고용을 창출하는 게 아니라 주식시장에 재투자된다. 결과적으로, 금융지대의 생산은 이윤의 화폐적 실현에 필요한 유효수요, 즉 잉여가치를 담지한 상품과 서비스의 [생산이 아니라] 판매를 위한 유효수요를 창출했다.

한편으로, 실질임금의 감소는 역으로 민간부채를 통해 "보충되었다." 간단히 말해, 이윤의 "지대되기"(부분적으로는 임금의 지대되기)가 출현했다. 이는 상품과 서비스의 교환영역 안에서 가치가 직접적으로 생산되는 과정에 조응한다.

따라서, 우리가 볼 때, 지난 삼십 년간 이윤이 증가한 까닭은 잉여가치의 생산이 축적을 **동반했기** 때문이다. 물론, 전통적인 생산과정 외부에서 축적이 이루어지기 때문에, 완전히 새로운 유형의 축적이 등장한다. 포드주의의 (물리적인) 기계 시스템과 달리, 새로운 불변자본은 (정보통신기술뿐만 아니라) 총체적인 조직적 훈육 시스템에 의해 형성된다. 조직적 훈육 시스템은 시민-노동자의 모든 삶의 계기를 뒤져서 잉여노동을 흡수하고, 결과적으로는 노동일(즉, 산노동으로서 시간)을 확대하고 강화한다. 이같은 크라우드소싱 전략, 즉 다중multitude으로부터 생명vital 의 자원을 뽑아내는 전략들은 자본의 새로운 유기적 구성을 대변한다. 다시 말해, 그러한 전략들은 사회 곳곳에 퍼져있는 불변자본이 가변자본과 맺는 관계, 즉 일련의 사교와 감정, 욕망과 성적 능력, 그리고 수많은 "자유노동"(부불노동)과 맺는 관계를 상징한다. 가변자본에 속하는 역량은 삶의 방식과 개인적, 집합적 상상력을 소비하고 재생산하는 영역 속에 탈공간화되어 있고 분산되어 있다.

따라서, 미국의 경제학자 로버트 실러의 다음과 같은 주장은 타당해 보인다. 현재와 같은 대량 실업, 더욱이 앞으로 오랫동안 지속될 실업 상태에서, 경제부흥책의 최우선 목표는 GDP 증가가 아니라 노동집약적 분야에 고용을 직접 창출하는 것이다. 여기에는 교육과 보건, 사회복지와 도시기반시설의 유지, 청년고용 프로그램과 가계에 대한 지원, 문화예술 프로젝트와 과학연구 등이 포함될 수 있다. 이러한 구상은 자본재 투자를 특별히 요구하지 않으면서도 정당화될 수 있는 활동들에 자금을 투입하자는 것이다. 이들 활동은 이미 대부분 무료로 수행되고 있거나, 특히 환경 분야처럼 긍정적인 외부성을 지니고 있다. 물론, 표준적인 둔감한 비용편익분석[7]은 긍정적 외부성을 GDP 성장으로 즉각 계산하지 못한다. 실러에 따르면, 이들 분야에 1백만 명이 고용될 경우 매년 3백억 달러의 비용이 소요되지만, 이 금액은 미국의 경제부흥책이 잡아먹는 비용의 4퍼센트, 국가부채의 0.2퍼센트에 불과하다.

지난 몇 년 동안, 이윤율과 축적률의 분명한 괴리는 맑스의 『1844년 수고』*Manuscripts of 1844*가 제기한 통찰력을 오늘날 되살리고 있다. "사물의 가치 증가는 인간의 가치 하락에 비례하여 진행된다. 노동은 단순히 상품만 생산하지 않는다. 노동은 자기 자신과 노동자를 상품으로 생산하며, 게다가 이러한 생산은 노동이 상품을 일반적으로 생산하는 것에 비례한다." 남녀의 가치는 가치 **생산**이 진행될수록 점점 더 하락하지만, 이러한 사실은 온전히 인정되지 않고 있다. 대신에 남성과 여성의 가치는 시장의 법칙(과 GDP)에 종속되어 있다. 즉, 남녀의 가치측정기준은 임노동의

---

7. [옮긴이] 비용편익분석(cost-benefit analysis)은 여러 정책대안 가운데 목표 달성에 가장 효과적인 대안을 찾기 위해 각 대안이 초래할 비용과 편익을 비교, 분석하는 기법이다. 이때 보통은 각 대안을 화폐적 가치로 환산하여 측정하며 그렇지 못한 경우 비용과 편익의 추정에 어려움을 겪는다.

직간접 비용이 이윤에 미치는 영향에 따라 결정된다. 그렇지만, 장기 실업 극복은 새로운 축적 체제에 내포된 항구적인 인간생성적 성격을 활용해야 한다. 따라서 장기 실업의 극복이 우선시해야 하는 노동의 보상은 생명 그 자체의 재생산과 직결된 보상이다. 이제 초점은 상품을 통한 상품의 생산이 아니라 인간을 통한 인간의 생산이다.

금융자본주의에는 룩셈부르크적 요소가 존재한다. 버블과 버블 사이에, 금융자본주의는 점점 더 많은 공통재를 식민화한다. 로자 룩셈부르크Rosa Luxemburg는 자본축적에 관한 연구에서, "비자본주의" 경제가 없다면 자본주의가 생존할 수 없다고 주장했다. 이른바, 팽창과 착취를 위한 "처녀지"가 존재하는 동안, 자본주의는 자신의 고유한 법칙에 따라 진보할 수 있다. 하지만, 처녀지를 착취하기 위해 점령하자마자, 자본주의는 그곳에서 전前 자본주의적 처녀성을 제거해버리고 결국 자기 자신의 번영 조건을 고갈시켜버린다.

제국주의적 축적의 순환은 중심과 주변, 발전과 저발전의 뚜렷한 관계를 특징으로 했다. 중심부는 국내의 수요 부족으로 판매될 수 없는 잉여를 주변부의 전前 자본주의 국가로 수출했다. 한편, 가난한 나라가 자본주의 상품을 수입하려면, 외부[주로 중심부]에서 "부채 함정"에 기초한 수요 창출이 필요했다. 중심부North 은행들은 수입국에 부채를 제공하여 잉여 판매에 필요한 수요를 창출했으며, 이로써 부채 함정이 형성되었다. 이러한 메커니즘 때문에, 주변부 국가들은 한편으로, 자본주의적 수입품 대신에 자생적인 지역 경제를 파괴해야 했으며, 다른 한편으로는 채무 지불을 위해 자본주의 시장이 설정한 가격에 따라 천연자원을 있는 대로 전부 수출해야 했다. 지역의 천연자원, 즉 중심부 국가들의 자본주의 발전에 전략적으로 중요한 공통재는 파괴되었지만 지역 경제는 재건되지 않았다. 다시 말해, 잉여 판매에서 생기는 가혹한 고통을 겪지 않도록, 가난한 나라들이 빈곤에서 탈출하거나 부유한 북부에 의존하지 않을 가능성은 모색되지 않았다. 결과적으로, 부국과 빈국의 의존은 신용-부채 관계로 봉합되었다.

이러한 제국주의적 관계의 도식은 역사적 한계에 봉착했다. 무엇보다 주변부 국가들이 정치적 자립을 획득했기 때문이다. 이들은 북부 국가들에 의한 약탈적 개발에 의존하지 않고 자생적 발전 전략을 구사할 수 있었다. 이는 민족해방투쟁의 역사적 성과이며, 저발전국은 투쟁을 계기로 새로운 발전도상국으로 전환할 수 있었다.

오늘날, 우리는 자본주의 제국 내부에서, 중심과 주변의 의존관계라는 동일한 역사적 논리를 발견한다. 하지만 제국은 다음과 같은 점에서 제국주의와 결정적으로 갈라선다. 오늘날, "전前 자본주의" 공통재는 '인적 자원'이라는 일차 자원으로 구성된다. 즉, 자율적으로 부를 생산하는 생명vital 능력으로 구성된다. 서브프라임 버블에서 나타났듯이, 금융화, 달리 말해 "부채 함정"의 반복적 생산은 그 이면에서 우리가 **공통적인 것**이라고 부르는 것을 — 조용하지만 실질적으로 — 생산하고 수출하고 있다. 공통적인 것은 지식과 지혜, 정보와 이미지, 정동affect과 사회적 관계 모두를 가리키며, 이 모두는 상품생산에 전략적으로 종속되어 있다. 일차적인 천연자원은 한계가 있지만, 반면에 자본이 전유하는 이들 새로운 인지적, 비물질적 공통재는 이론적으로 무제한적이다. 따라서 이런 공통재를 사유화하려면, 사적 소유를 통해 **희소성**이 인위적으로 창출되어야 한다(예를 들어, 저작권과 특허를 활용하기도 하고, 단순히 공공 서비스 전체를 민영화하기도 한다).

오늘날 금융위기는 공통재에 대한 자본주의적 통제를 재규정하는 계기들이다. 금융위기는 빈곤을 "공통의 빈곤"으로 생산하고 있으며, 다시 말해 수평적 협조관계에 기초한 사회적 경제를 재건하는 게 아니라 오히려 파괴하고 있다. 위기를 기화로, 공통재[에 대한 접근]의 포함적 과정은 배제적 과정으로 역전되고 있다. 달리 말해, 공통재에 대한 접근이 열악하게 재조정되고, 결과적으로 부채 관계가 삶의 방식을 통제하고 내핍과 빈곤을 강제하고 있다. 나아가, 금융위기를 계기로, 임금 압박은 폭력적으로 관철되고 있다. 이는 16세기 인클로저 상황과 매우 흡사하다. 당시, 공유지에 대한 접근은 토지를 사유화하고 프롤레타리아트에게 임금을 지불하기 위해 억제되었다.

오늘날, 공통재의 "전前 자본주의적" 성격은 사유재산에 대립하는 공유재산collective property 개념을 점점 더 환기시키고 있다. 우고 마테이Ugo Mattei가 지적하듯이, "공통적인 것은 '생태계'를 모델로 한다. 생태계는 일종의 공동체로서 개인과 사회집단들이 네트워크로 상호 연결되어 있다. 대체로 이런 공동체는 협조적이고 참여적인 모델을 선호하는 반면 위계 관념을 거부한다(뿐만 아니라, 위계 관념에 따라 형성된 경쟁 개념도 부정한다). 협조적이고 참여적인 모델은 전체의 일부에게 권력을 몰아주지 않으며, 무엇보다도 전체의 이해관계를 우선시한다."

반복적인 위기를 거치면서, 지난 수십 년간 진행된 자본주의의 금융화는 사유재산과 국가 사이의 법적-정치적 구분을 뒤흔들고 있다. 이러한 의미에서, 국가의 채무 위기는 공공 채무의 관리를 금융시장에 맡긴다는 뜻이며 금융의 논리를 공적 영역으로 확대한다는 말이다. 이를 위해, 금융시장은 자신의 규범을 부과하고, 민영화 원칙을 강제하며, 자신의 권력을 강화한다. 물론, 이러한 과정보다 훨씬 앞서 공공사업은 민영화되었다. 하지만 국가 부채의 금융화와 함께, 국가와 시장이 "대립한다"는 이데올로기적 베일은 비로소 찢겨 나간다.

네그리에 따르면, "국가 영토에 대한 주권적 통치 government는 수십 년 동안 작동하지 못했다. 주권적 통치는 협치|governance의 방식을 동원해 효력을 재건하고 있다. 하지만 이 역시 충분하지 않다 — 마찬가지로 국지적 통치는 영토국가를 넘어서는 무언가를 요구하고 있다. 민족국가 nation-state가 보유했던 배타적 주권을 대체할 무언가 말이다." 통치, 즉 국가에 의한 성장조절 양식은 협치, 즉 부분적이고 세심하고 국지적인 기술관료 통제로 이행하고 있다. 우리는 국제적인 국가 채무 위기에서 이 같은 이행을 분명히 확인하고 있다. 우연치 않게도, 금융위기는 사실상의 은행위기, 정확히 말해 지불불능 위기로 나타나고 있다. 이 국면에서, 가령 독일의 주립은행Landesbanken이나 스페인의 [저축은행] 까하스Cajas까지 곳곳의 지방은행들, 그리고 국민국가들, 미국의 도시들은 임박한 파산을 깨닫고 있으며 부채를 줄이려고 안간힘을 쓰고 있다. 이 사태는 1970년대 뉴욕시의 위기와 유사하지만, 이번에는 전지구적 차원에서 진행되고 있다. 당시, 공공부분 노동자들의 퇴직기금은 뉴욕시를 파산에서 건져 올렸지만, 이는 곧바로 "자본의 코뮤니즘" 시대와 금융화 과정을 열어젖혔다. 오늘날, 국제 금융시장은 채권수익의 "미세한" 차이를 통해 사람들의 운명을 기술적으로 결정하고 있다. 그러한 결

정에 따라 그리스, 일리노이, 미시간에 사는 누군가는 퇴직기금을 받게 되고 누군가는 공적 부조에 생계를 의존하게 된다.

국제 금융시장은 내핍을 강요하는 협치와 공통적인 것의 통치가 서로 충돌하고 있는 영역이다. 위기의 자본주의 "내부에서 이와 대결하는" 투쟁은 그 방식과 목표에 있어서 국지적인 동시에 전지구적이다. 이러한 투쟁의 목표는 명확하다. 아래로부터 집합적으로, 시장과 금융시스템을 통제하는 새로운 규칙을 부과해야 한다. 사회적 동원을 통해 공공서비스, 교육, 복지에 대한 새로운 투자정책을 개시해야 한다. 에너지 변화에 적합한 공적 고용을 창출해야 한다. 고소득자 중심의 재정 정책을 거부해야 한다. 임금, 고용, 사회적 임금에 대한 권리를 주장해야 한다. 자율적이고 자치적인 공간을 건설해야 한다. 그렇지만, 새로운 대안적 패러다임, 새로운 공통의 통치 방식을 구축하는 첫 번째 단계는 전적으로 주체적이다. 미리 규정된 처방은 존재하지 않는다. 우리가 미래를 결정한다는 과감한 자각만이 존재할 뿐이다.

부록

유럽을 파괴하는 신자유주의

노쇠하는 자본주의? 전지구적 협치라는 키메라

부채의 국가, 죄책감의 윤리

부채와 정동, 그리고 자기 재생산하는 운동

위기 관련 용어 해설

유럽을 파괴하는 신자유주의[1]

내핍과 억압은 유럽을 위기에서 구출할 수 없다. 우리는 자유시장 정치에 맞서 사회적 투쟁을 전개해야 한다.

유럽의 국채 위기는 회원국의 공공 채무로 촉발되었지만 2008년 위기 이후 취해진 은행 구제 조치 때문에 가속화되었다. 유럽의 국채 위기는 적어도 세 가지 사실을 증명해주고 있다. 첫째, 통화는 국가 없이 존재할 수 없다. 둘째, 자본주의는 시장만으로 관리될 수 없다. 셋째, 내핍 조치는 유럽을 위기에서 구제하기는커녕 사실상 위기를 악

---

1. [옮긴이] Christian Marazzi, 'Neoliberalism is destroying Europe'(http://www.guardian.co.uk/commentisfree/2010/sep/14/neoliberal-europe-union-austerity-crisis).

화시켜 결국에는 유로를 붕괴시킬 것이다.

그렇지만, 현재 위기에서 나타난 가장 중요한 요소는 따로 있다. 유럽의 정치적 재발명은 전적으로 신자유주의 정치에 맞서는 사회적 투쟁에 달려있다는 것이다. 신자유주의는 경제의 통치가 오로지 시장과 그것의 자기조절 능력에 기초해야 한다는 터무니없는 관념이다. 신자유주의는 우두머리 없이 유로에 의해 상상적으로 통합된 유럽, 바로 이러한 거대한 환상을 떠받치고 있다. 그런데 유로는 금융시장의 논리에 따라 역내의 경제적, 사회적 차이를 통제했다.

그럼에도 불구하고, 신자유주의는 여전히 유럽 정치인들이 애용하는 유일한 언어이다. 이들은 신자유주의적 표현으로 위기에 대응하고, 나아가 향후 몇 달 동안 전개될 사회적 갈등에 대처하고자 한다. 유럽에 정부는 존재하지 않는다. 오직 내핍 정책과 억압의 관리만 존재할 뿐이다.

유럽 은행들의 스트레스 테스트는 사실상 쓸모가 없다. 그것은 독일과 프랑스의 은행을 조금 더 연명시켜줄 뿐이다. 이들 은행은 부실해진 유럽연합 주변부 국가의 국채에 노출되어 있다. 독일이 보여준 최근의 경제적 성공, 특히 유로존 외부를 비롯한 수출 증가는 악화 일로에 있는 유로의 위기를 도저히 되돌릴 수 없다.

실제로, 유럽중앙은행의 정치는 경제적으로 튼튼한 국

가와 산업적으로 취약한 국가의 분열을 조장했으며, 갈등은 점점 더 심화되고 있다. 십중팔구, 이번 위기의 최종적 결말은 독일의 유로 탈퇴로 나타날 것이다. 그것은 단지 시간의 문제일 뿐이다. 그리스나 스페인의 유로존 탈퇴로는 유럽연합의 중심 블록에서 발생한 분열, 즉 독일과 프랑스의 균열을 해결하지 못할 것이다. 왜냐하면, 독일은 아시아와 남미 시장에 집중하고 있지만 프랑스는 경제적 힘과 정치적 신용을 동시에 잃어가고 있다.

미국의 위기, 그리고 중국, 인도, 브라질 등의 성장 속도 둔화는 유로화에 치명적 일격을 가할 것이며 나아가 유럽연합 기획을 고수하려는 정치적 야망을 분쇄할 것이다. 오바마 정부와 미국 연준이 사용하는 경제부흥책은 소진될 것이고, 중국은 부동산 거품의 폭발을 방지하기 위해 성장률을 완화할 것이며, 인도는 인플레이션 억제를 위해 금리를 인상하게 될 것이다. 이런 일이 벌어지면, 약한 유로의 이점과 강한 독일 경제에 기초한 유럽 경제의 부활은 물거품처럼 사라질 것이다.

이러한 맥락에서, 모든 유로존 국가에 강제된 내핍 정책은 실행될 수 없을 것이다. 역내 국가들은 유럽 안정화 계획에서 앞다투어 달아날 것이다. 헝가리에서 곧바로 나타났듯이, 그러한 계획은 회원국의 경제 및 사회 정책에 영향을 미치기 때문이다. 우리는 유럽의 탈유럽화를 목도하고 있다.

최근 수십 년 동안 자본주의가 금융을 점점 더 중요시하면서 이 같은 결과가 나타났다면, 바로 이 위기에서 우리는 신자유주의를 빠져나가는 방법을 모색해야 한다. 신자유주의가 위기의 주된 원인이기 때문이다. 그런데 적어도 당장, 새로운 유럽 헌법을 작성한다고 해서 해결책은 도출되지 않는다. 방법은 처음부터 철저하게 제헌 과정을 재개하는 것이다. 다시 말해, 지금도 곳곳이 시행되고 있는 내핍 정책에 맞서, 운동을 전개해야 한다.

우리는 임금 삭감에 저항해야 한다. 공공 서비스의 축소에 반대해야 한다. 금융자본이 전유하는 부를 재분배해야 한다. 경제성장을 지속가능한 발전으로 전환해야 한다. 유럽은 이곳에 존재하는 인민과 차이를 특징으로 한다. 유럽의 구제는 신자유주의적 유럽이 파괴될 때 비로소 가능해질 것이다.

노쇠하는 자본주의?
전지구적 협치라는 키메라[1]

이번 위기를 기화로 명백히 드러났듯이 금융자본은 정치를 인질로 잡고 있다. 이 때문에 국민국가nation-state의 대응 가능성은 제약받고 있다. 이른바 G20은 혹독한 위기에 걸맞은 수단을 모색했지만, 결국에는 경제활동의 금융화 과정을 강화하는 조치를 제안했다.

그렇지만 지난 1년 동안 드러났듯이, 금융은 현대 자본

---

1. [옮긴이] Cosma Orsi, 'Is Capitalism Aging? The Chimera of Global Governance : An interview with Christian Marazzi'(http://postmodern workwatch.wordpress.com/2010/01/10/interview-is-capitalism-aging-christian-marazzi). 이 글의 원문은 『메니페스토』(*il Manifesto*) 2009년 12월 20일에 실렸다.

주의의 중심을 차지해버렸다. 이러한 상황은 1980년대가 저물면서 도래했다. 당시 자본은 고전적 의미의 생산 활동뿐만 아니라, 분배와 유통에서도 잉여가치와 이윤을 생산하는 데 집중했고 이에 성공했다. 두 가지 요소가 이를 가능하게 했다. 첫 번째는 사회복지를 사유화한 것이고, 두 번째는 초/국적 기업의 입장에서 자본과 노동의 관계를 재조정한 것이다. 이 같은 경향을 뒤집는 방법은 오로지 강력한 사회운동을 통해서 가능하다. 사회운동은 모든 종류의 노동이 생산하는 부富를 단호하게 보장소득으로 재전유해야 한다. 본 인터뷰는 위기에 대한 이와 같은 독법을 제기하고 있다.

오르시

지금 경제학자들이 답을 찾고 있는 궁극적인 질문을 이렇게 요약할 수 있지 않을까요. 이번 위기의 본질은 무엇인가? 금융의 위기인가, 아니면 실물의 위기인가? 경기순환의 위기인가, 아니면 체제적 위기인가? 선생님이 보기에, 이번 위기를 1929년 대공황과 비교하는 게 일리가 있을까요?

마라찌

지금껏 삼십 년간 우리는 일련의 금융위기를 목도해

왔습니다. 대략 삼년 마다 금융위기가 일어났죠. 이는 오늘날 자본주의가 구조적으로 금융화되었다는 증거입니다. 달리 말해, 자본주의는 전지구적 수준의 작동 논리, 그 중심에 금융시장을 심었습니다. 우선, 현재의 위기는 "체계적" 위기입니다. 그것이 미국에서 발생했기 때문이죠. 이를 통해, 1980년대 이후 전개된 전지구화의 모순(즉, [전지구적 경제의] 근본적 불균형)이 드러났습니다. 전지구화는 한편으로 미국의 공적 부채와 민간 부채를 늘리고, 동시에 다른 한편으로 달러를 중심으로 한 통화정책 덕분에 가능했죠. 하지만 위기는 "경기순환적"이기도 합니다. 금융자본주의가 본질적으로 불안정하고 대단히 취약하다고 본다면 말이지요. 물론, 여기에는 케인스주의 경기부양책의 사유화가 핵심적인 역할을 했습니다. 1929년 공황과의 비교는 대체로 오늘날 금융자본주의가 1920년대 초창기 포드주의 자본주의와 뭐가 다른지에 관심을 둡니다. 어떤 면에서는 금융자본주의 역시 초창기에 불과합니다. 가령, 그것의 특징은 금융 메커니즘이 보편적이란 것이고, 특히 금융경제와 실물 경제가 중첩된다는 정도이죠.

오르시

주류 경제학자들은 수리 모델을 신봉한 나머지 경제분석의 역사적 지식, 정확히는 역사 일반을 무시해 왔습니다. 그런데 위기 가능성을 전혀 예측하지 못했지요. 주류 경제학자들의 이런 형태가 매우 위험스럽게 보이는데요. 어떻게 생각하세요?

마라찌

금융자본주의를 가로지르는 모순은 강력할 뿐만 아니라 전지구적 차원에서 전개됩니다. 물론 그러한 모순은 기본적으로 공공 및 민간의 지출을 시장화함으로써 잉여가치를 실현하는 문제입니다. 정부의 적자지출에서 일어난 이러한 변형은 1970년대 말 이후 잉여가치 생산에서 나타난 변화에 부응합니다. 이른바, 가치증식 과정이 유통과 교환 영역, 간단히 말해 재생산 영역으로 점진적으로 확장되었습니다. 이러한 변형에서 여러분 스스로 유효수요 창출에 결정적으로 기여하고 있습니다. 흔히 회자되는 "생명자본주의"란 소비자를 상품과 서비스의 생산자로 변형하려고 생활방식과 생명 자체를 "노동에 투입하는" 겁니다. 역사적으로 볼 때 새로운 자본주의로서, 생명자본주의는 가치 척도의 위기를 그 특징으로 하며, 따라서 [일반적으로 활용되는] 구조조정 수단으로는 통제될 수 없습니다. 이 새로운 자본주의는 주류 경제학자들을 집으로 돌려보내고 효율적 시장 가설에 기반한 그들의 계량 모델을 끝장내 버렸죠. 이들에게는 자본주의의 역사적 변형에 관한 보다 심충적인 지식이 필요해 보입니다. 이를 통해, 그들은 역사적 변형이 노동의 새로운 사회적 구성을 반영하고 있으며, 반대로 새로운 노동의 사회적 구성이 자본주의의 역사적 변형을 유도한다는 사실을 알게 될 겁니다.

오르시

오래전부터, 권위 있는 논평자들은 (자유화와 금융의 탈규제가 가져온) 자본의 고삐 풀린 이동이 경제민주주의의 토대를 침식했으며 나아가 민주주의 자체를 파괴했다고 지적해 왔습니다. 그렇다면, 오늘날 정치는 시장을 조절하는 역할에 그쳐야 합니까? 아니면 그 이상의 무언가를 맡아야 합니까?

마라찌

오늘날 정치는 분명 금융에 발목이 잡혀 있지요. 정치의 자율성은 매우 낮습니다. 왜냐하면, 정치는 어쩔 수 없이 금융시장의 변덕을 좇아가야 하고 경제적, 사회적 변수에 미치는 금융의 파괴적 효과를 수습해야 하기 때문이죠. 쉽게 알 수 있듯이, 치솟는 공공 적자 때문에 공적인 사회 지출은 격감할 겁니다. 나아가, 금융화가 정치적 대의제를 침식한다고 말할 수 있습니다. 대의제 자체가 경제적, 금융적 과정에 내재하는 모순과 갈등에서 좀처럼 벗어날 수 없기 때문이죠. 정치인들은 금융부문에 대한 최소한의 규제조차 부과하지 못하고 금융의 확산을 억제할 수 없습니다. 이른바 "G20의 전지구적 협치"처럼, 우리가 아무리 금융에서 달아나려고 해도, 그러한 시도는 결국 금융화 과정을 보다 강화할 뿐입니다. 정치를 "일신"하려면, 우리는 정치의 위기를 인식해야 합니다. 내가 말한 대로, 정치는 다시금 아래로부터, 투쟁으로부터, 삶의 형태로부터, 사회적 요구로부터 무르익고 있습니다. 모든 곳의 위기를 통해, 그리고 위기에 반하여 말이지요.

오르시

많은 사람은 위기의 해법이 워싱턴-베이징 축에서 도출될 수 없다고 보는데요. 여전히 유럽 모델을 주장하는 게 가능하다면, 워싱턴 컨센서스나 중국의 국가자본주의 말고, 유럽식 사회국가를 대안적 경제정책으로 참조할 수 있지 않을까요? 아니면, 경제, 정치 영역에서, 장래에 유럽이 (전 세계의 저개발 지역South처럼) 주변적 지위로 전락할 위험이 있는지요?

마라찌

최근에 나타났듯이, 미국과 중국 간의 근본적 불균형(중국의 대규모 흑자와 미국의 엄청난 부채)은 통화정책과 부채조달을 통해 가능했습니다. 동일한 방식으로 양국이 서로를 지탱하는 비현실적인 시나리오는 이를테면 불가피한 시나리오입니다. 문제는 얼마나 지속되느냐에 있겠지요. 예를 들어, 중국이 국내 수요를 영구적으로 진작하기까지 얼마나 걸릴까요? 중국은 인프라에 엄청난 투자 계획을 가지고 있고 나아가 국민들의 요구에 부응하는 임금과 사회지출을 감행할 겁니다. 그런데 여기서 우리가 염두에 두어야 할 점이 있습니다. 즉, 월가에 상장된 미국 기업 가운데 절반 이상이 중국 현지의 생산을 통해 이윤을 얻고 있으며, 이러한 사실은 미중 간의 단일축을 통해 전지구적 경제 구조를 재조정할 가능성을 복잡하게 만듭니다. 내 생각에, 중국은 미국을 지탱하기 위해 달러를 부양해주고 미국의 부채를 사들일 겁니다. 적어도 중국이 라틴아메리카나 아프리카 등 남반부에서 입지를 다질 때까지는요. 그때가 되면, 아마도 5년 후쯤일 텐데, 전지구적 축은 더 이상 동서가 아니라 동남쪽으로 이동할 겁니다. 이러한 시나리오에서, 유럽은 패배자입니다. 그렇게 되지 않으려면, 유럽은 미국 및 중국의 모델로부터 완전히 독립적인 복지정책을 개발해야 합니다. 이러한 전략은 지식에 대한 접근과 생태 지속적인 사회정책에 투자를 확장하는 겁니다.

오르시

현재 증가하고 있는 공적 지출은 (교육, 건강, 연금, 실업 급여 같은) 사회지출에 사용되는 대신에 은행과 금융기관, 대기업을 구제하는 데 투입되고 있습니다. 그렇지만, 이는 (실질임금과 연금 같은) 소득을 쥐어짜서 행해집니다. 말하자면, 수요 측면이 아니라 공급 측면에 개입하는 방식인데요. 이것이 과연 위기를 극복하고 실업률을 낮추는 올바른 전략일까요?

마라찌

최근에 나타난 경제의 금융화는 경제 순환의 화폐화 monetarization 방식에서 일어난 변화와 관련됩니다. 달리 말해, 오늘날 금융영역은 이자의 형태로 화폐를 직접 창출하고 이를 경제에 주입하고 있습니다. 이는 화폐의 진정한 사유화이며, 중앙은행의 통화정책이 이를 후견하고 있습니다. 덕분에 금융시장이 회복될 가능성은 있지만 그렇다고 실물 경제가 회복된다고 장담할 순 없습니다. 오히려 무관하죠. 이로써, 무엇보다도 어떻게 저임금이 상당히 오랫동안 유지될 수 있는지 해명됩니다. 직접적인 임금뿐만 아니라 (퇴직연금 등) 간접 임금도 마찬가지입니다. 다른 한편으로, 프랑스 경제학자 미셸 위송Michel Husson이 언급했듯이, 성장률과 고용의 관계를 비교해보면 재미난 사실이 발견됩니다. 1959년에서 1974년까지, 그리고 1993년에서 2008년까지 두 기간을 살펴보면, 경제의 일자리 창출 능력은 경제성장과 거의 무관합니다. 실제로, 최근 15년과 영광의 30년 후반, 즉 1960~75년을 비교했을 때, 고용증가는 최근이 더 낮았습니다. 반대로, 평균 GDP 성장률은 최근이 더 높았습니다. [달리 말해, 성장이 높았던 전후 시기에는 고용증가가 생대적으로 낮았고, 성장이 낮았던 최근에는 오히려 고용증가가 높았던 겁니다.] 이로써, 현재와 같이 성장에 의한 고용의 전망이 매우 어두운 상황에서는, 케인스주의 정책이 쓸모가 없어집니다. 케인스주의 하에서는 임금과 수요의 상승만이 고용을 회복시킵니다. 달리 말해, 수요, 즉 임금의 증가는 경제회복의 동학과 별개로 [성장의 논리가 아닌] 사회정의와 자율성을 향한 열망에 기초해야 합니다. 바로 이러한 측면에서, 우리는 보장소득, 다시 말해 사회적 필요와 결합된 "지대"에 대한 요구를 해석해야 합니다. 우리는 '일자리 창출'을 사유화하는 대신에, 노동의 고통을 줄이기 위해 필요한 몫을 요구해야 합니다. 그리고 공통재를 지키기 위해 필요한 소득을 요구해야 합니다.

오르시

각국 정부가 전지구적 경제의 파산을 막기 위해 막대

한 부채를 쏟아 붙고 있습니다. 이 때문에 미래 세대의 비용이 심상찮아 보이는데요?

마라찌

아마도 비용은 엄청날 겁니다. 이미 우리는 실업의 급증과 사회지출의 격감 같은 대가를 치루고 있죠. 확실히, 최근에 누적된 적자를 메우려면 조세부담이 불가피하죠. 이건 곧바로 느끼게 될 겁니다. 하지만 우리는 동일한 대가를 금융자본에 물릴 수 있습니다. 사적 부채를 사회적 소득으로 전환하는 거죠. 우리의 생존은 우리가 자율적인 삶의 형태를 구축하기 위해 싸울 수 있느냐에 달려 있습니다. 아무 것도 결정되지 않았습니다. 모든 것이 가능합니다.

부채의 국가, 죄책감의 윤리[1]

미션 임파서블 : 유럽을 구하라! 탈유럽화의 도미노가 진행되고 이로부터 지정학적 대격변이 일어날 조짐이다. 그러나 내핍 정책으로는 위기를 극복할 수 없다. 오히려, 불황과 침체를 가져올 뿐이다. 신자유주의의 탐욕이 휩쓴 이후, 그리고 공통적인 것의 억압 이후 갑작스레 참회가 유행하고 있다. 이에 대해 크리스티안 마라찌의 견해를 들어보았다.

---

1. [옮긴이] Ida Dominijanni, 'The State of Debt? The Ethics of Guilt : Interview with Christian Marazzi'(http://www.tlaxcala-int.org/article.asp?reference=6399.)

크리스티안 마라찌는 경제학자이며 스위스, 빠도바, 뉴욕, 제네바에 소재한 여러 대학에서 교수로 재직했다. 마라찌는 급진 좌파 진영의 활동가이자 지식인으로 매우 잘 알려져 있다. 그는 현재 진행되고 있는 경제-금융위기를 매우 명철하게 분석한 사람 중의 한 명이다. 2009년 미국에서 위기가 폭발하자마자, 그것의 역사적 성격과 전지구적 충격을 선구적으로 진단하면서, 마라찌는 유로존이 위기에 연루될 수밖에 없다고 예견했다. 그는 포스트 포드주의적 생명자본주의가 작동하는 방식이 다름 아니라 금융화라고 날카롭게 분석하면서, 경제긴축 정책으로는 위기를 극복할 수도, 위기의 모순을 억제할 수도 없다고 전망했다. 앞으로 무슨 일이 일어날지 가늠해보기 위해, 먼저 유럽의 구제부터 시작해보자.

도미니자니

당신의 분석대로 위기가 전개되고 있습니다. 2년 동안, 위기의 진원지는 미국에서 유럽으로 옮겨 왔습니다. 처음에는 이탈리아를 비롯한 일부 국가들이 디폴트 위험을 겪다가, 불과 몇 주 만에 유로존 전체가 붕괴 위협을 겪고 있습니다. 사태가 지금처럼 (악화 일로로) 진행된다면, 아마도 유럽연합 자체가 붕괴될 수 있을 것 같은데요. 앞으로, 이 사태의 전개를 어떻게 보십니까?

마라찌

뉴스에 힌트가 나오더군요. 전 유럽에서, 독일과 앙겔라 메르켈Angela Merkel의 경직성에 대한 분노가 커져가고 있습니다. 유럽의 대재앙을 피하려면 누구나 두 가지 방안을 고려할 수밖에 없는데, 그녀는 둘 다 지지할 생각조차 없더군요. 한편으로는 유럽중앙은행ECB이 국채를 매입해야하고, 다른 한편으로는 유로본드Eurobonds 2를 발행해, 금융시장에서 가장 취약한 국가들의 가산 금리를 줄여야 합니다.

도미니자니

선생님 역시 이들 조치가 필수적이라고 생각하나요?

마라찌

둘 다 매우 중요한 조치로 보이지만 불행히도 너무 늦었습니다. 지난 몇 주 동안 위기가 너무나 빨리 가속화되어 이들 조치를 적용할 수 없는 거죠. ECB를 미국연방준비제도와 같은 실질적인 중앙은행으로 전환해야 합니다.

---

2. [옮긴이] 유로본드(Eurobond)는 통화국 이외에서 발행하는 통화국 화폐 표시 채권, 혹은 외국에서 제3국 통화표시로 발행하는 채권이다. 예를 들어, 유럽에서 미국 달러 표시 채권을 발행하는 방식을 말한다. 애초에 대부분 유럽지역에서 발행되었기 때문에, 이런 이름이 붙었다.

그러면 ECB가 최종대부자 기능을 맡아 채무 회원국들의 채권을 매입할 수도 있고, 시장에서 권력을 넘겨받아 언제 어떻게 개입할지 결정할 수 있겠지요. 이 방안은 더할 나위 없이 신성한 구상이지만 당장은 실현 불가능합니다. 이미 진행되고 있듯이, 유로존이 자본 이탈 상황에 직면해 있기 때문이죠. 자본 이탈 현상은 최근에 진행된 독일의 채권 경매에서 분명히 드러났고, 풍문에는 스위스가 1,500톤에 달하는 금을 예치했다고 합니다. 이 시점에서, ECB가 부채를 매입하면 이는 자본 이탈을 증가시켜 유로의 붕괴를 가속화하는 꼴에 불과합니다. [국채가 위험하다는 신호를 강화하기 때문입니다.] 지금까지 [유럽중앙은행장, 마리오] 드라기Mario Draghi조차 이 방안에 반대하고 있는데요. 놀라운 일이 아니죠. 유로본드의 시행도 마찬가지입니다. 일련의 국가 채무를 "상호화"mutualize, 즉 사회화하기 위해, 전체 회원국들이 보증한 채권을 발행하는 겁니다. 이 역시 합리적인 수단이지만, 실현될 가능성은 없습니다. 왜냐하면, 시중의 유동성 고갈로 화폐 비용, 즉 이자가 치솟아 이미 기업들이 엄청난 고통을 받고 있는데, 이 상황에서 유로본드가 발행되면 [시장의 화폐를 흡수해버리고 오히려] 경제가 튼튼한 국가, 가령 프랑스, 네덜란드, 핀란드, 오스트리아, 독일의 경우 순식간에 금리가 상승할 수 있기 때문이죠. 어쨌든, [2009년 12월 9일] 화요일에 열리는 브뤼셀

정상회의에서 부분적인 타협안이 나오더라도, [타협안이] 채무국에 부과되는 강도는 유로에 대한 모든 구제책을 무력화할 만큼 가혹할 겁니다. 단지 시간이 문제일 뿐이죠.

도미니자니

결국 [유로의] 붕괴를 예상하는지요?

마라찌

사실상, 통화주의와 신자유주의의 수칙에 따라 창출된 단일 통화의 위기는 끝났습니다. 그리고 확신하건대, 메르켈의 경직성은 독일의 유로 탈퇴와 마르크 복귀를 노린 전술적 책략으로 보입니다.[3] 어쩌면 벌써 날짜를 받아났다고

3. [옮긴이] 여기서 마라찌는 다소 성급해 보이는 시나리오를 제시하고 있지만, 실제로 이런 사태는 일어나지 않았다. 유로존의 위기에서 제시된 해법은 크게 보면 두 가지인데, 첫째는 그리스, 스페인, 아일랜드, 포르투갈, 키프로스 등 부실한 국가들을 국제통화기금과 유럽중앙은행 등이 긴급지원하고 대신에 강력한 구조조정을 요구하는 것이다. 두 번째는 부실 국가들을 유로존에서 탈퇴시키고 건전한 국가들로 유로존을 재편하는 방안이다. 이외에 극단적인 제3의 해법은 독일이 마르크화로 복귀하고 결국 유로가 폐기되는 것이다. 현재까지는 강력한 구조조정을 전제로 첫 번째 방식이 추구되고 있으며, 실제로 독일은 그리스, 스페인, 키프로스 등에 각각 2400억, 1000억, 100억 유로 등을 지원했고, 2013년에 들어 정치권은 유로존 위기의 종료를 선언하기도 했다. 하지만 기묘하게도 선언과 동시에 키프로스에서 채무위기가 재현되고 이탈리아는 자본통제를 둘러싸고 정치적 논란이 발생하고 있으며, 국제신용평가기관 무디스조차 유럽의 정책 입안자들이 대응능력을 과신하고 있다고 강조하고 있다. 따라서 유

봐야죠. 우리가 다른 일로 한창 바쁠, 크리스마스와 1월 초 사이가 아닐까요. 마찬가지로, 달러 태환 중지는 8월 휴가 시즌에 결정했었죠. 여기 스위스에서, 마르크화가 인쇄되고 있다는 도시 괴담이 벌써 돌고 있습니다.

도미니자니

그런 일이 실제로 벌어진다면, 어떤 시나리오를 예상하시는지요?

마라찌

강력한 통화 지역이 탄생할 겁니다. 독일, 네덜란드, 핀란드, 오스트리아가 참여하고, 스위스 프랑과 스웨덴 크로나가 결합하겠죠. 유로는 엄청나게 평가절하된 다음 인플레이션으로 이어질 겁니다. 유로는 약한 국가들의 통화로 유지될 텐데, 대신에 이들 국가는 부채를 줄일 수 있겠죠. 이러한 가설에서, 프랑스의 역할은 와일드카드입니다. 시장에서 곤죽이 된 나라들의 경우, 경제적 수준에서 파국을 맞진 않을 겁니다. 하지만 진정한 대격변은 지정학적으로 나타날 겁니다. 실제로, 이러한 유럽의 분열은 탈유럽

로존 위기의 근본적 골격은 해결되지 않은 셈이며, 마라찌의 전망을 단순히 독일의 유로존 탈퇴가 아니라 유로존의 해체라고 볼 때, 그러한 전망은 여전히 유효한 측면이 있다고 할 수 있다.

화 과정을 촉발할 가능성이 있습니다. 탈유럽화는 독일, 중국, 러시아, 브라질을 한 축으로 하고, 프랑스와 미국을 또 다른 축으로 할 겁니다. SF소설이 아닙니다. 국제 금융의 거인들은 이미 이렇게 움직이고 있어요. 그렇다고 이것이 중국, 러시아, 터키와의 새로운 냉전을 일으킬 수 있다는 말은 아닙니다. 물론, 이들은 이스라엘의 위협에서 이란을 보호할 목적으로 공조하고 있습니다. 그렇지만, 정말 문제는 이러한 [신냉전] 가설이 논의되지 않는다는 겁니다. 사실, 이란의 상황은 매우 폭발성이 높습니다. 또 다른 문제는 그저 유럽의 위기만 논의되고 있다는 겁니다. 미국의 상황은 무시되고 있습니다. 그 동안에도 미국의 서브프라임 위기가 계속 진행되었습니다. 또한 빈민은 4천 6백만 명에 이르고 있으며, 실업은 15퍼센트까지 치솟고 있어요. 오바마는 아무것도 못하고 있으며 재선은 공화당의 호전성에 일말의 기대를 걸고 있습니다.

도미니자니

미국과 유럽에서 위기의 전개 양상은 어떻게 다른지요?

마라찌

경제적 측면에서는 차이가 없습니다. 유럽의 국가부채와 미국의 서브프라임 시장은 같다고 보면 되고요. 다만,

[유럽의] 채무국 자리를 [미국에서는] 개인 채무자가 차지하고 있는 셈이죠. 하지만 유럽이 보다 불리한 한 가지 차이가 있습니다. 바로 정치적인 측면입니다. 보다 정확히는 제도와 정치체제 문제입니다. 유럽에는 단일 헌정체도 없고 중앙은행도 없습니다. EBC는 [정부] 부채의 화폐화[4]를 시장에 위임하고 있어요. 따라서, 은행들이 자신들의 필요에 따라서 유동성을 주입하고 있는 형국이고, 이는 공적 채무를 오히려 창출하게 되고 현재는 공적 채무에 대한 투기를 벌이고 있어요.

도미니자니

이러한 거시-지역적이고 전지구적인 틀에서, 국민국가의 내핍 정책은 어떤 역할을 하고 있으며 또한 어떤 의미를 가지는지요? 이탈리아의 경우, 베를루스코니 정권이 물러나고 [마리오] 몬티 정부가 들어서면서 수많은 기대가 분출했습니다. 또한 몬티의 "전문가" 팀에 대한 기대가 다

---

4. [옮긴이] 정부부채의 화폐화(monetization)는 정부 지출 증가로 인한 재정 적자를 보전하기 위해 정부가 중앙은행에 국채를 매각하는 것이다. 정부부채의 화폐화는 본원통화의 증가로 이어져 물가 상승을 견인할 가능성을 안고 있다. 이렇게 되면 정부부채가 결국 민간 경제주체로 전가되는 셈이 된다. 이런 위험에도 불구하고 화폐화 조치가 시도되는 까닭은 경제가 어려운 상황에서 정부의 재정 여력까지 바닥날 경우 기댈 곳은 중앙은행 밖에 없기 때문이다.

분했습니다. 마치, 이 팀 덕분에 신뢰도가 회복되고, 효과적인 시작 개입력이 되살아 날듯이 말입니다. 하지만, 이른바 "희생"이 국가 채무와 관련 투기에 얼마나 효과적일까요?

마라찌

이걸로는 위기를 빠져나갈 수 없습니다. 실제로, 이탈리아는 위기를 벗어날 수 없습니다. 앞으로 수년 간, 경기 후퇴는 불가피합니다. 내핍 정책은 국내 수요를 압박하는 디플레이션 효과를 미치고, 이를 수출로 만회하기 힘들어 보입니다. 그럼에도 불구하고, 내핍 정책은 신자유주의 교리에 따라 고려할 수 있는 유일한 해법입니다. 이 교리는 여전히 유럽을 비롯한 서양 전체에 퍼져있으며 끈끈한 생명력을 자랑하고 있어요. 따라서 내핍 정책은 "긴급조치", 혹은 나오미 클라인Naomi Klein의 말마따나 "쇼크경제"shock economy로 사용되고 있으며 앞으로도 그럴 겁니다. 긴급, 쇼크라 함은 내핍 정책이 통상적인 상황에서는 불가능한 조치를 허용하기 때문이죠. 임금을 삭감하고, 공공부분의 고용을 줄이고, 노동조합을 공격하는 등, 유명한 "사회적 도살" 말입니다. 이것이 바로 위기 관리의 논리입니다. 다시 말해, 긴급 사태를 맞아 사회적 관계를 전문적이고 기술관료적인 조절에 맡기는 것이죠.『파이낸셜 타임즈』와 인터뷰하면서, 중국의 부주석은 이를 적절히 지적했습니다. '우리 앞에는 새로운 금융적, 사회적 중세 시대가 펼쳐져 있다.' 이렇게요.

도미니자니

정치적, 인류학적 성격은 어떻습니까? 선생님은 그저 경제학만 강조하지 않았는데요 …… .

마라찌

일부 과정은 이미 뚜렷하게 나타나고 있습니다. 첫 번째로, 헌정체가 불안정해지고 있어요. 두 번째, 당신이 "몬티 정부로의 이행"과 관련해서 언급하긴 했지만, 예외 상태 아래 정치적 자율성이 줄어들고 있어요. 세 번째, 복지국가는 부채국가debt fare state로 이행하고 있습니다. 부채국가에서, 사회적인 것은 [정치적인 것의 매개 없이] 스스로를 대표합니다. 특히, 사회적인 것은 부채, 즉 부채와 그 훈육방식에 따라 표현되고 훈육됩니다. 좀 더 정확히 말하면, 사회적인 것은 부채와 죄책감에 의해 표현되고 훈육됩니다. 여기서 우리는 독일어 슐트Schuld의 이중적 의미를 떠올려야 합니다. 독일어에서 이 단어는 빚과 죄를 동시에 뜻하고, 니체가 이렇게 사용했습니다. 우리는 이 용어를 마우리찌오 랏짜라또Maurizio Lazzarato의 놀라운 책, 『부채인간』 *La fabrique de l'homme endetté*, 그 핵심에서 발견하게 됩니다.[5] 부채야말로 신자유주의적 인간이 스스로를 훈육하는 인류학적 장치입니다.

도미니자니

이탈리아에서 무슨 일이 일어나고 있는지 명확해지는 군요. 베를루스코니가 통치한 20년 동안 쾌락의 윤리가 지배했다면, 눈 깜빡할 사이에, 몬티 정권의 속죄의 윤리로 이행했군요. 하지만, 이러한 [부채/속죄] 장치가 얼마나 오래 간다고 보십니까? 푸코는 신자유주의적 주체를 자기기업가self-entrepreneur라고 묘사합니다. 자기기업가는 결국 빚더미에 앉는 거지만 소비를 통해 자신을 육성하지요. 그런데 신자유주의 주체는 오늘날에도 부채에 대한 죄책감을 먹고 자랄 수 있을까요? 이건 신자유주의적 윤리의 진화인가요? 위기인가요?

마라찌

현재로는, 완성된다고 봐야죠. 신자유주의는 부채인간의 형성을 통해 그 본질을 완성합니다. 자기기업가가 짊어

---

5. [한국어판] 마우리치오 라자라토, 『부채인간』, 허경·양진성 옮김, 메디치미디어, 2012.

지는 부채는 오늘날 죄책감이라는 장치를 통해 스스로를 규율하고 있습니다. 게다가, 여기서 화폐의 본질 역시 완성되거나 드러납니다. 다시 말해, 화폐는 곧 부채입니다. 자본의 금융화는 우리 모두를 부채를 짊어진 주체로 변형하고, 가치는 불황/우울증 기계depressive machine를 통해 부정적으로 산출됩니다.[6]

도미니자니

하지만 '분노한 사람들'[7], 동의하지 않는 사람들, 봉기를 일으키는 사람들이 있지 않나요? 다행스럽게도 말이죠. 분노한 사람들과 월스트리트 점거운동에 대해서는 어떻게 생각하는지요?

---

6. [옮긴이] 불황/우울증 기계에 관해서는 다음을 참조하라. 프랑코 베라르디 [비포], 『노동하는 영혼』, 서창현 옮김, 갈무리, 2012.
7. [옮긴이] 로스 인디그나도스(los indignados)는 '분노한 사람들'이라는 스페인어로, 2010년 봄 스페인에서 젊은 층이 주도해 폭발한 투쟁의 시위자를 지칭한다. 2010년 5월 15일, 스페인 수도 마드리드의 푸에르타 델솔 광장에서 정부의 긴축정책에 항의하는 젊은이들에 의해 시위가 시작되었다. 시위는 프랑스 파리를 거쳐 유럽연합의 수도 벨기에 브뤼셀까지 1,700km에 이르는 대장정의 형태로 진행되었고, 언론매체는 이들을 '분노한 사람들'로 불렀다. 이후 이 용어는 스페인뿐만 아니라 유럽 각국에서 청년 시위자들을 가리키는 표현으로 정착됐다.

마라찌

푸코를 계속 참조해보죠. 푸코식대로 말하면, 아마 '분노한 사람들'은 파르헤지아parrhesia의 운동, 즉 진실을 말하는 사람들의 운동일 겁니다. 이들은 시장의 위선을 고발합니다. 이들은 부채란 "악의적이고" 부당한 것이며 지대와 수탈의 산물이라고 폭로합니다. 이들은 이번 위기의 주범이 은행이기 때문에 우리는 책임이 없다고 선언합니다. 이모두는 시장보다 사람을 우위에 두는 관점에서 진실을 주장하는 겁니다. 따라서 마드리드에서 시작된 운동은 무제한적인 민주주의의 공간으로 작동합니다. 이는 마치 공통적인 것의 거대한 제헌의회 같습니다. 공적 공간에 같이머무는 것에 토대를 둔 의회 말이지요. 내가 볼 때, 분명히이는 홉스주의적 공포의 윤리를 뒤엎는 겁니다. 여기에는페미니즘의 관계적 실천이 선명하게 각인되어 있으며 돌봄의 경제가 정치생태학으로 등장하고 있습니다. 우리가앞서 논의했던 탈유럽화과정을 방지하는 유일한 해결책은운동을 유럽차원으로 확대하는 겁니다. 하지만 유권자들의 압력은 구체적인 지역의 자기결정권 형태를 취해야 합니다. 포스트 포드주의의 핵심 장치, 즉 지식과 관계의 수탈을 중단시키려면, 그러한 장치를 공통적인 것의 생산으로 전복하는 방법밖에 없습니다. 특히 오늘날, 내핍 정책은 사유화privatization를 보다 강화할 것이며, 상수도에서 문화유산까지 공통재common goods를 헐값에 팔아치울 겁니다. 하지만, 공통재를 생산한다는 말은 국지적 층위에서 조직한다는 뜻입니다. 바로 이웃에서 우리 스스로 상수도, 전기, 운송 체계를 관리하고 은행까지 운영할 채비를 갖추는 겁니다.

도미니자니

선생님은 오늘 [이탈리아의 경제학자이자 저널리스트인] 로레타 나폴레오니Loretta Napoleoni와 〈밀라노 여성문고〉에서 만날 예정인데요. 2년 전, 나폴레오니는 은행의 사회적 기능은 오늘날 유일하게 이슬람 금융[8]에서 찾아 볼 수 있다고 말했습니다. 그리고, 이슬람 금융은 투기를 허용하지 않으므로, 이를 재고해볼 필요가 있다고 주장했습니다.

---

8. [옮긴이] 이슬람 금융(Islamic finance)이란 다양한 금융상품을 이슬람 율법에 어긋나지 않게 재구성한 것으로 일종의 대체 금융상품이라 할 수 있다. 무슬림은 이자의 수취 등 전통적인 금융활동을 금지하는 종교적 규범에 따라 금융상품 및 서비스의 이용률이 매우 낮다. 이슬람 율법 샤리아(shariah)는 화폐의 시간적 가치를 인정하지 않는데, 따라서 금전 신탁에 의한 이자의 수취 행위를 인정하지 않는다. 또한 모든 손실과 수익은 사업자와 투자자가 공동 부담할 것을 원칙으로 한다. 이슬람 금융이란 이러한 샤리아의 원칙에 합치하도록 모든 금융거래를 조직하는 기법이며, 외형적으로 실물거래를 동반하여 이윤과 손실을 분배하는 공동투자의 형태를 취한다. 이에 따라, 이슬람 금융으로 인정받은 상품에 대해서는 무슬림도 자유롭게 투자 및 거래를 할 수 있다.

마라찌

사실, 우리는 위기가 촉발한 모순의 절정에서, 적합한 수준의 연대를 재도입해야 합니다. 계속 고심해야 할 문제이지만, 부채를 재사회화하는 것, 그리고 은행의 기본적 기능은 자본의 금융화를 우리에게 유리하게 조정하는 방법입니다.

도미니자니

하지만 금융화가 저지되거나 역전될 수 있지 않나요? 선생님의 설명에 따르면, 금융 경제와 실물 경제는 더 이상 구분될 수 없으며, 금융 경제의 토대는 그것이 평범한 사람들의 행동과 생활방식에 적극적으로 관여하는 데 있습니다. 다시 말해, 소비자들은 식료품을 신용카드로 구매하고, 노동자들은 연기금에 가입해 있고, 중간계급은 주택담보대출로 질식할 지경이며, 빈민들은 "몸뚱이"를 담보로 빚을 끌어 쓰고 있습니다. 이런 상황에서, 적어도 부분적이나마, 시스템의 탈금융화가 가능할까요? 아니면 단지, 은행의 악행으로부터 시스템을 개선하는 게 문제인가요? 그리고 생산과 소비가 부채를 통해 매우 밀접하게 뒤얽혀 있다면, 위기가 가져오는 침체와 불황을 회피하는 게 가능할까요?

마라찌

우리가 앞서 논의했듯이 부채를 줄이는 퇴행적인 방식으로, 자본주의 자체가 탈금융화를 활용하고 있습니다. 이는 수요와 소비를 침체시키고, 결국 죄책감 규율은 삶 자체를 절하시키고 우울하게 만듭니다. 대신에, 우리는 사적 지대rent를 사회적 지대로 재전환해야 합니다. 이를 통해, 부채를 사회화하고, 사회적으로 유용한 재화의 수요와 소비를 다시 촉진하고, 공적 공간을 재전유하고, 사회적 관계와 집합적 행복을 재건해야 합니다. 이것이 공통적인 것이며, 악화 일로를 걷는 금융화의 병폐가 악순환의 경로를 벗어나는 방법은 이것밖에 없습니다. 기본소득이나 토빈세[9]처럼, 지난 몇 년 동안 사회적 투쟁에서 활용된 키워드들은 이미 이러한 방향으로 나아가고 있습니다.

도미니자니

파산할 권리를 주장하는 건 어떻게 생각하십니까? 사회운동은 이를 삶의 금융화에 맞선 저항권처럼 제시하고

---

9. [옮긴이] 토빈세(Tobin's tax)는 단기성 외환거래에 부과하는 세금(거래당 0.1퍼센트에서 0.5퍼센트)을 말한다. 노벨 경제학상을 수상한 미국 예일 대학교의 제임스 토빈(James Tobin)이 1978년에 주창한 이론으로, 금융 상품 거래로 막대한 이익을 올리고 있는 국제 투기자본을 규제하고, 이로 인한 급격한 자금유출입을 통제하기 위한 한 가지 방안이다.

있는데요. 대다수 경제학들은 대중을 현혹하는 운동이라고 보고 있지만, 다른 한편에서는 유럽의 기술관료들이 무력화시킨 국가 주권을 재구축할 수 있다고 보는데요.

마라찌

내가 볼 때, 그러한 운동이 주체적이고 맥락적인 실천이라면 일리가 있습니다. 하지만 운동이 국가의 손아귀에 빠지면 성공을 장담할 수 없습니다. 예를 들어, 미국에서, 학자금 대출의 거품이 한 동한 치솟아, 서브프라임 모기지의 거의 절반에 육박했습니다. 이런 경우, 정당한 대출과 부당한 대출을 구별하려면, 학생들과 이들의 가족이 파산권을 확보해 행사해야 합니다. 하지만 파산권을 국가에 맡겨서도 안 되고, 이를 통해 잃어버린 주권을 회복하려는 국가의 야망에 맡겨서도 안 됩니다.

부채와 정동, 그리고
자기 재생산하는 운동[1]

　　퀘벡주 학생 총파업이 1백일을 넘어가고 있으며 이른바 〈특별법78호〉의 통과로 여진이 계속되고 있다.[2] 이들

---

1. [옮긴이] Christoph Brunner, 'Debt, Affect and Self-Reproducing Movements'(http://eipcp.net/n/1339011680). 2012년 2월에 시작된 퀘벡의 학생 파업과 연대할 목적으로, 크리스토프 부르너(Christoph Brunner)는 크리스티안 마라찌, 실비아 페데리치(Silvia Federici), 조지 카펜치스(George Caffentzis)와 학자금 대출을 주제로 2012년 5월 25일 스위스 취리히에서 대담을 나누었다.

　　크리스토퍼 부르너는 취리히 예술대학의 연구원이며, 몬트리올 콘코디아 대학의 박사 후보자이다. 조지 카펜치스는 정치철학자이자 자율주의 맑스주의자이며, 현재 서든 메인 대학교에서 교수를 하고 있다. 실비아 페데리치는 페미니스트 이론가이자 활동가이다. 그녀는 뉴욕에 거주하고 있으며 홉스트라 대학교 명예교수로 재직하고 있다.

2. [옮긴이] 2011년 3월, 퀘벡 자유당 정부는 긴축조치의 일환으로 2012년부

사건이 일으킨 전지구적 단절은 간과되지 말아야 한다. 이

터 5년 동안 등록금 75퍼센트 인상안을 발표했다. 이에 따르면, 2012년 현재 2천519달러 수준의 등록금은 하반기부터 5년간 단계적으로 인상되어 4천144달러 수준으로 올라간다. 이에 학생들은 2월 13일부터 동맹휴업에 들어갔으며, 정부청사와 법원, 은행건물, 교량을 비롯한 전략 지점을 봉쇄하고 가두시위와 파업을 진행했다. 3월 22일 동맹휴업 참여자의 수는 정점에 달해 약 30만에서 40만 명에 달했다. 학생들의 시위와 파업이 계속되자 퀘벡주정부는 학생들의 시위를 금지하는 법안으로 응수했는데, 이것이 특별법78조(혹은 12조)이다. 이 법안은 대학 근처에서 시위를 금지하고, 사전에 경찰에 신고하지 않는 집회를 불법화하고, 8월 중순 수업의 재개를 명하고, 새로운 법에 저촉하는 개인이나 단체에 무거운 벌금을 부과했다. 2012년 5월 18일 주의회에서 통과된 비상입법안에 따르면, 25명 이상이 참여하는 시위는 경찰의 '허가'를 받아야 하며 수업 방해, 등교 저지 시위에 참여한 개인은 1천~5천 달러의 벌금, 시위 주동자는 7천~3만 5천 달러의 벌금을 부과 받는다. 이를 기화로 학생시위에 대한 지지가 대중화되었고 이는 자유당 정부에 대한 폭넓은 사회 운동으로 확산되었다. 100번째 동맹휴업이 벌어진 5월 22일 시위는 퀘벡주 전체에서 개최됐다. 약 25만 명이 비를 맞으며 몬트리올에서 행진했는데, (주전자와 냄비를 탕탕치며 행진한) "냄비" 시위가 밤중까지 몬트리올과 퀘벡시 이웃 도시에서도 벌어졌다. 일부 지역에서는 대중적인 총회가 개최되었다. 경찰은 대량 체포에 나섰으나 이는 저항과 연대를 저지하지 못했다. 결국 들불같이 번진 등록금 인상 반대 시위로 정치적 위기에 빠진 퀘벡주 자유당 차레스트 주지사는 8월 1일 주의회 해산을 요청하고 9월 4일 주의회 선거를 감행했다. 그러나 자유당은 등록금 인상 철회를 공약한 퀘벡당에 패배하고 말았다. 캐나다 퀘벡 주의회 선거에서 승리해 제 1당이 된 퀘벡당(Parti Quebecois)은 전(前) 자유당 정부의 75퍼센트 등록금 인상 계획을 철회한다고 밝혔다. 퀘벡당은 주의회 선거에서 등록금 인상 계획 철회 공약을 내걸며 학생들의 지지를 받았다. 학생들은 퀘벡당 정부의 이 같은 입장에 환영 입장을 밝히는 한편 무상교육을 위한 제2의 투쟁을 시작했다("캐나다 퀘벡 '붉은 광장' 학생시위 이야기", 『참세상』, 2012년 8월 10일; "캐나다 퀘벡주 학생운동 승리 …… 신임 집권당, 등록금 인상 철회", 『참세상』, 2012년 9월 24일 참조).

인터뷰는 퀘벡과 그곳의 학생, 활동가와 연대할 목적으로, 그리고 자유로운 교육에 대한 권리, 평화로운 집회와 정치적 표현의 권리를 환기시켜 준, 퀘벡 사람들과 연대하기 위해 행해졌다. 인터뷰는 취리히 예술대학에서 진행된 워크숍을 통해 자발적으로 조직되었다. 여기서 크리스티안 마라찌는 실물 생산이 이른바 금융화로 변형되는 현상을 다루었으며, 실비아 페데리치와 조지 카펜치스는 뉴욕과 메인 주ᄴ에서 전개된 점거운동에 이론가이자 활동가로서, 또한 페미니스트로서 개입했다. 이들의 논의를 바탕으로, 이 인터뷰는 부채 문제에 역점을 두려고 한다. 오늘날 전 세계적으로 전개되고 있는 운동의 핵심에 놓여 있는 부채 문제 말이다. 나아가, 정동의 역할과 운동의 지속 여부는 대중 미디어에서 일반적으로 부각되는 사회적, 정치적, 경제적 정세와 분리할 수 없는 문제이다.

크리스토프 부르너(이하 부르너)

미국에서 학자금 대출과 등록금의 계보는 1960~70년대로 거슬러 올라갑니다. 수업료가 도입되면서, 부채의 파탄 과정이 시작되었습니다. 현재, 퀘벡의 상황에 관해 보수적인 여론은 대체로 [자유당의] 샤레스트Charest 정부가 제안한 수업료의 점진적인 증가에 방점을 찍고 있으며, 공통 수업료의 수용이 정당한 사회적 기여라고 말하고 있습니다. 이처럼 부적절하고 시대착오적인 견해는 오늘날 전개되고 있는 생명정치biopolitics를 전혀 포착하지 못하고 있습니다. 생명정치는 인간 삶의 핵심을 이루고 있는 부채와 결합하고 있습니다. 선생님은 이러한 금융화 과정과 그 생명정치적 형태가 맺고 있는 관계를 어떻게 보십니까?

크리스티안 마라찌(이하 마라찌)

1970년대 포드주의 생산양식이 일반적인 위기에 빠지자 이에 대한 대응으로 수많은 반反경향이 출현했습니다. 예를 들어, 임금은 공격받았고, [생산의] 탈지역화되었고, 국제 투자가 증가했으며, 금융화가 진행되었죠. 이들 반경향은 더 이상 반경향이 아닐 정도로 만성화되었습니다. 이는 일종의 영구적인 반反혁명입니다. 금융화가 생산 영역과 재생산 영역의 관계를 실제로 변화시켰다는 점에서요. 한편으로, 생산과 재생산 영역 모두 생산양식 층위에 위치하게 됩니다. 포스트 포드주의 기업은 아웃소싱, 크라우드소싱 등 직접적인 생산과정 외부에서 수행되는 가치 포획과 깊은 관련을 지닙니다. 다른 한편으로, 생산 및 재생산 영역은 위기 이전에 자본주의 영역이 감당하던 수많은 리스크를 노동력이 떠안게 합니다. 이러한 측면에서, 푸코의 『생명정치의 탄생』*La naissance de la biopolitique*은 매우 흥미롭습니다.[3] 이 책은 신자유주의로의 이행을 다루고 있는데,

여기서 노동력 자체가 기업가로 간주되기 때문입니다. 무슨 말이냐면, 우리 각자가 기업가처럼 행동해야 한다는 거지요. 그때 부채-경제가 관여합니다. 이건 이중적인 위기 때문인데요. 우선 무엇보다, 복지국가가 해체되었습니다. 복지국가는 적자 지출을 통해 추가 수요를 창출하는 장치였죠. 다음으로 이와 동시에, 이 복지 메커니즘을 민간 부채를 통해 민영화했습니다. 모든 가계, 모든 사람은 부채를 통해 추가 수요를 창출하는 센터가 되었죠. 이처럼 점증하는 민간 부채를 통해 잉여가치는 화폐로 전환될 수 있었고, 이 덕분에 이윤이 실현될 수 있었습니다. 이 과정이 바로 금융화였죠. 내가 볼 때, 오늘날 이 과정은 신자유주의를 부채인간의 거대한 공장이라고 불러도 무방할 만큼 진행되었습니다. 이러한 측면에서, 마우리찌오 랏짜라또는 핵심에 도달하고 있습니다. 랏짜라또가 일깨워주듯이, 임금소득자는 자본주의 전全 역사에 걸쳐 일반적인 조건입니다. 그런데 그는 부채 역시 임금관계에 준하는 사회적 조건으로 설명합니다. 이는 심각한 수많은 정치적 문제를 제기합니다. 부채를 진다는 게 단지 금융의 덫에 빠진다는 의미가 아니기 때문이죠. 이와 동시에, 니체가 언급했던

---

3. [한국어판] 미셸 푸코, 『생명관리정치의 탄생』, 오트르망 옮김, 난장, 2012.

부채[의 함의]를 고려해야 합니다. 독일어에서 부채, 즉 슐트Schuld는 빚이면서 동시에 죄를 뜻합니다. 이렇게 볼 때, 전반적인 문제가 복잡해집니다. 달리 말해, 우리가 이러한 도덕적 함정에서 벗어날 길이 있을까요? 이제 부채는 통상적인 용법에서 벗어납니다. 부채는 케인스주의 용법처럼 현재와 미래를 연결하는 수단이 아닙니다. 자본주의에서, 부채는 언제나 긍정적인 기능을 가졌습니다. 다시 말해, 부채는 미래를 위한 일종의 투자였습니다. 오늘날 부채는 누적되고 있습니다. 왜냐하면, 한편으로는 당신이 미래에 투자하기 때문이지만, 다른 한편으로는 미래가 여러분에게 투자하고 있기 때문이죠. 결과적으로 우리는 투자액을 되돌려 받지 못할 것이고, 언제나 부채 장치라는 함정에 빠지게 됩니다. 내가 볼 때, 여러분이 개입하고 있는 지점이 바로 이곳입니다. 여러분이 점거운동과 함께하기 때문입니다. 그리고 정확히 퀘벡에서 일어나고 있는 일은 위와 같은 현상들이 매우 폭발적이라는 사실을 증명하고 있습니다. 한 가지만 덧붙이자면, 이러한 과정이 현재 그리스에서 일어나고 있는 사태와 유사하다는 겁니다. 그리스는 개인적, 집단적, 정치적, 공적 등 모든 차원이 응집되고 있는 실험실입니다. 당신이 언급한 투쟁과 곤경에 관한 주장은 아마도 그리스와 같은 국가 수준의 아주 구체적인 상황에도 참고할 수 있을 겁니다.

부르너

현재 퀘벡에서 일어나고 있는 사건에서 중요한 한 가지 측면을 이렇게 말할 수 있겠네요. 협치governance와 관련해서 부채인간의 주체성을 생산하는 것, 그리고 통치가 이들 사건에 어떻게 대응하는지가 쟁점이겠네요. 특히, 퀘벡의 초점은 막 통과된 특별법78호입니다. 국가나 지방정부가 통치 방식으로 법률을 택했기 때문에, 개인적으로 상당히 놀랍습니다. 매우 낡은 방식으로 보이거든요. 그런데도 그들은 우리가 "위기"라고 부르는 상황을 법률로 억제할 수 있다고 생각합니다. 이런 쌍방향의 통치 행태에 무슨 일이 일어나고 있나요?

조지 카펜치스(이하 카펜치스)

글쎄요. 내가 보기에, 이런 대응이 점거운동에 대한 미국의 반응과 비교해 그다지 새롭지 않은데요. 점거운동이 조직적, 실천적으로 비폭력적이었지만, 엄청난 억압이 가해지고 있습니다. 알다시피 뉴욕시는 창문으로 가득한데요. 오랫동안 쥬코티Zuccotti 공원을 점거했지만, 내가 아는 한, 부서진 창문은 전혀 없습니다. 이와 같은 법률과 대응은 분명 매우 폭력적이고 야만적인 대책입니다. 물리적으로도 그렇지만, 이에 부여된 합법적 지위 측면에서도 그렇습니다.

부르너

[등록금] 연체료 때문에 부채가 더 늘어나지 않나요? 이렇게 계속 늘기만 하는 악순환이 부채를 지게하고 죄책감을 유발하니까, 연체료가 점점 더 깊은 수렁으로 몰아넣는다고 봐야겠죠?

카펜치스

그래요. 연체료가 엄청나죠!

실비아 페데리치(이하 페데리치)

그리고 현재 수많은 주에서, 통치 당국은 죄수들의 재기소를 고려하고 있어요. 감옥에 다시 쳐 넣길 바라는 거죠. 일리노이 주는 이미 준비를 끝냈어요. 대다수 주에서, 통치 당국은 다양한 방법, 그러니까 법안을 공식화하는 방식을 모색하고 있습니다. 이를 통해 여러분을 실제로 감옥에 쳐 넣으려고 합니다. 일종의 사기죄로 걸고넘어지는 거죠. 사기성이 다분해도 여러분은 대출을 받을 수밖에 없잖아요. 수감 문제가 다시 현안으로 부각될 겁니다.

부르너

물론, 대학이라는 자본주의 생산 기계가 관련되어 있습니다. 여러분에게 과도한 연체료가 부과되면, 다른 학생들도 수업에 참여하길 원하지 않겠죠. 따라서 문제는 학생들이 학업을 이어갈수록 부채를 계속 늘리는 겁니다. 부채의 증가는 이러한 시스템이 유도하고자 하는 바이고, 그러한 법안을 배치해서 노리는 거지요. 왜냐하면 학생들이 학업을 포기하면 더 이상 학생들의 계좌에서 출금할 수 없기 때문입니다. 현재 시행되고 있는 등록금 제도의 핵심을 이렇게 볼 때, 우선 이를 어떻게 인식하게 되었나요? 그리고 등록금이 계속해서 오르는 까닭은 무엇입니까?

페데리치

내가 볼 때, 일반적인 금융화 과정, 그리고 특수하게는 교육에 적용된 금융화 역시 1960~70년대 학생 운동에 대한 반응입니다. 이는 정치적 대응입니다. 사실상 운동을 말살할 목적으로 새로운 훈육 방식을 도입하는 겁니다. 내 생각에, 학생운동은 1950~60년대를 풍미했던 관념을 본질적으로 해체했습니다. 당시 그러한 관념에 따라, 국가는 교육 시스템에 대규모로 투자했죠. 미국은 물론이고 다른 곳에서도 마찬가지였습니다. 예를 들어, 미국에서 대중교육에 대한 투자를 고취했던 관념은 대중교육이 투자금을 되돌려 준다는 겁니다. 다시 말해, 대중교육 덕분에 노동력의 생산성이 높아지고, 교육이 민주주의의 학교로 기능하면서 사람들의 정체성을 체제와 일치시킨다는 겁니다.

어떤 면에서 학생운동은 그러한 목표를 대단히 회의적으로 간주했습니다. 내가 볼 때, 자본가 계급은 이러한 투자가 실패할 거라는 결론에 도달했습니다. 결국, 거대한 전환을 위한 메커니즘으로 금융화가 시작되었죠. 사실상, 등록금 부과는 교육투자가 자본에게 이득이라는 관념이 역전된 결과입니다. 1970년대 후반이 끝날 무렵, 무시험으로 대학에 입학하는 제도open admission는 없어졌어요. 등록금 도입은 미약하게 시작했으나 그 이후 지속적으로 상승했으며 모든 종류의 물가상승을 압도합니다. 변화를 주도한 방식은 교육투자가 미래의 보상으로 돌아오지 않을 거라는 전제를 깔고 있었죠. 따라서, 교육은 축적의 직접적인 지점으로 변형됩니다. 등록금 도입의 한 가지 기능은 교육의 보상을 [미래가 아니라] 즉각적으로 만드는 겁니다. 국가의 투자 대신에, 즉 국가가 학생들에게 교육 자원을 분배하지 않고, 이제 학생들 스스로가 축적을 실행하고, 즉각적으로 이윤을 생산하고, 직접적으로 잉여가치를 생산하도록 강제됩니다. 물론, 대학에 다니는 학생들을 훈육하는 것도 목표이긴 합니다. 게다가, 여러분은 엄청나게 비싼 등록금을 지불해야 하기 때문에, 가능하면 대학을 빨리 벗어나는 방법을 모색해야 합니다. 여러분은 사회화될 시간을 누리지 못합니다. 여러분은 정치적 실천에 도움이 되는 책을 읽을 여유조차 없습니다. 이런 의미에서, 가능하면

빨리 대학을 벗어나 직업을 찾는 데 전력해야 합니다. 나는 세 가지 일을 뛰는 학생들을 알고 있습니다. 이들은 학교에 와서 꾸벅꾸벅 졸면서, "사적인 감정이 있다고 오해하지 마세요. 어제 밤 12시까지 일했거든요."라고 말하죠. 학업은 사실상 노동 시간으로 곧바로 연결되는 훈육 메커니즘입니다. 왜냐하면 학업을 끝내자마자 [공백기 없이] 구직을 고민해야 하기 때문이죠. 여러분은 직업을 선택하는 사치를 부리지 못하고, 대신에 빚을 갚을 수 있는 직업을 선택해야 합니다. 물론, 많은 학생들이 좋은 일자리를 보장해준다는 온갖 스펙을 따려고 엄청난 시간을 들이고 있습니다만, 결국에는 실업자 신세가 됩니다. 아니나 다를까, 학자금 상환을 제때 하지 못하면, 은행들이 이자를 세배로 올린다는 사실을 학생들은 깨닫죠. 곧바로, 이들은 부채를 갚을 수 없는 상황을 자각합니다. 이렇게 여러분의 인생은 꼬여가기 시작합니다. 특히 민간 은행은 추심원을 통해 여러분을 압박하고, 당사자와 어머니, 가족에게 전화를 돌리겠죠. 그러다가, 잠적할 수밖에 없는 학생들도 있습니다. 실제로, 나는 베트남 전쟁 기간 동안 해외로 잠적한 일부 학생들을 알고 있습니다. 도저히 갚을 수 없는 빚과 견딜 수 없는 압박 때문입니다.

　　부채 문제는 그것이 사회적 관계를 변형시킨다는 점에서 매우 중요합니다. 부채라는 이데올로기는 모든 종류의 권리를 박탈합니다. 1960년대의 이데올로기는 이런 식이었죠. 여러분은 학생으로서 사회의 안녕에 기여하고 대학은 여러분에게 투자한다는 겁니다. 그런 이데올로기는 여러분이 앞으로 사회에 기여한다는 점에서 작동했습니다. 이는 사회적 주체figure로서 여러분과 국가 사이에 체결된 사회적 계약이었습니다. 오늘날 사태는 변했습니다. 이제 우리는 이런 말을 듣게 되죠. 신자유주의 이데올로기에 따라, 교육투자의 혜택을 받으려면 당신이 책임지라고 말입니다. 더 좋은 직업을 원하세요? 더 좋은 삶을 원하세요? 그렇다면, 그건 여러분의 비즈니스입니다. 여러분은 자그마한 기업가입니다. 여러분은 자그마한 투자자입니다. 여러분이 더 높은 임금을 받는 데 어째서 국가가 투자를 해야 합니까? 이는 의료와 연금과 관련해 쏟아지고 있는 이데올로기와 동일합니다. 만일 연금을 받고자 한다면, 여러분은 연금에 투자를 해야 합니다. 우리는 아이를 낳자마자 대학 등록금을 저축해야 한다고 충고 받습니다.

모든 것이 사적 문제로 변했습니다. 이러한 이데올로기는 사람들의 의식과 주체성에 스며들기 때문에 매우 도착적입니다. 이러한 이데올로기는 죄책감을 동력으로 살아가는 주체를 창출합니다. 죄책감 때문에 사람들은 예금을 마음껏 쓰지 못합니다. 대학을 떠나자마자, 사람들은 이미 사회적 관계에서 벗어나게 됩니다. 사람들은 캠퍼스에서 빚을 지지만, 부채의 상환은 이러한 이데올로기가 보다 효과적으로 작동하는 상황, 즉 사회적 관계가 단절된 상태에서 이루어집니다. 실패감은 사람을 매우 무기력하게 만드는 감각입니다.

다행스럽게도, 수많은 층위에서 투쟁들이 일어나고 있습니다. 지금 캐나다는 실제로 그 선두에 서있습니다. 그곳에서 일어나고 있는 일은 매우 중요합니다. 학생들은, 수업료를 약간만 올려도, 아니오No!를 외치고 있습니다. 이들은 국경 넘어 [미국에서] 일어났던 일을 보았기 때문이죠. 적은 수업료로 시작할 수 있겠죠. 그런데 일단 시작되면 수업료는 천정부지로 치솟아 통제할 수 없을 정도로 급증합니다. 미국에서도, 운동은 성장하고 있으며, 수많은 자원을 확보하고 있습니다. 예를 들어, 운동 조직은 일종의 소비자 관점을 택하고 있습니다. 이를 테면, '우리는 개인 파산을 위해 싸운다.'는 거죠. 또 다른 전략도 있습니다. '우리는 부채를 탕감하기 위해 싸운다. 이렇게 하면 경제가 활성화되기 때문이다.' 이제, 점거운동에 자극받아 제3의 운동이 성장하고 있습니다. 부채가 정당하지 않기에 우리는 부채를 갚지 않을 거라고 말이지요. '우리가 졸업장과 일자리를 얻는 까닭은 빚을 갚기 위해서다. 결국 착취받기 위해 돈을 갖다 바치는 꼴이죠.' 이 운동은 학생과 교사 모두의 운동입니다. 이는 다음과 같은 선언을 통해 움직이는 운동입니다. '다른 수많은 학생이 빚을 갚지 않는한, 나도 갚지 않을 것이다.' 나아가, 이 운동은 교사들의선언이기도 합니다. 왜냐하면 우리뿐만 아니라, 많은 교사들이 학생을 노예로 만드는 교육 체계에 더 이상 연루되길원치 않거든요.

우리 교사들은 학생의 삶에 심대한 영향을 미치는 교육 기계에 연루되어 있습니다. 그럼에도 불구하고, 우리는교육 체계가 순수하게 문화적 관념을 전파하는 양 가르쳐왔습니다. 우리는 더 이상 이러한 교육을 용납할 수 없다고 여깁니다. 게다가, 운동이 이를 위한 공간을 개척한다는 점에서 매우 바람직합니다.

부르너

이번 운동과 관련해서, 정동과 미학의 문제가 흥미로워 보입니다. 현재 모든 사람들의 주장은 두 가지로 모아집니다. 한편으로는 구체적 요구를 제한하지 말아야 하고,다른 한편으로는 새로운 운동, 차이의 포용, 인종적 포함입니다. 이들 모두가 쟁취되어야 할 중요한 조치입니다.그러나 이뿐만 아니라 현재 활용되고 있는 미학적 전략 역시 중요한 문제입니다. 운동을 통해 전개되는 미학의 정치, 즉 정동의 정치 말입니다. 내가 볼 때, 이러한 문제는단순히 정동 노동에 관한 논의, 즉 노동의 재생산 방식과 그로부터 파생하는 문제를 다루는 걸 넘어섭니다. 이보다는 오히려 정동 자체에 관한 문제와 관련 깊어 보입니다. 제게 흥미로운 점은 어떤 느낌의 정동적 차원입니다. 그리고 그러한 느낌을 통해 나타나는 독특한 집합적 감각입니다. 집합적 감각은 단순히 이데올로기나 관념이 아니라, 뭔가 일어나고 있다는 강렬한 느낌을 통해 일어나고, 결국 사람들을 결집시킵니다. 이러한 과정을 거치면서 새로운 표현 양식이 출현하고 있습니다. 앞서 나눈 대화에서, 선생님은 그러한 실천에서 기법technology의 문제가 과소평가되고 있다고 하셨는데요. 그렇다면 기법은 현재 운동의 미학적, 정동적 차원과 어떤 관계에 있는지요?

페데리치

미학적이고 정동적 차원을 언급하셨으니깐, 나는 이런 식으로 말하고 싶군요. 그 목적과 조직 방식이 어떻든 간에, 지금 우리가 전개하고 있는 운동은 새로운 무언가를 표현하고 있습니다. 왜냐하면 이 운동은 정치적 조직화의 중심에서 자기 재생산과 관련된 온갖 이슈를 부각시키기 때문입니다. 비록 점거운동이 가시화하긴 했지만, 그 이전부터 우리는 모종의 정치를 향한 욕구와 욕망을 목도해 왔습니다. 그런데 이러한 정치는 페미니즘 정치와 많은 점에서 닮았습니다. 말하자면, 정치적인 것과 개인적인 것의 분리, 정동적인 것과 정치적인 것의 분리를 거부하는 거지요.

뉴욕에서 우리는, 특히 일군의 젊은 세대 활동가와 함께, 자기 재생산 운동의 창출을 놓고 자주 토론했습니다. 우리는 이러한 운동을 이렇게 개념화하고 있습니다. 이는 쇄도와 붕괴를 끊임없이 반복하는 운동이 아니라, 변신을 거듭함으로써 실제로 지속성을 가지는 운동입니다. 정확히, 지속성은 사람들의 욕구와 관계를 조직화의 핵심으로 삼는 역량이기도 하죠. 마찬가지로, 이러한 지속성은 당신이 느낌affectivity이라고 언급한 것입니다. 이런 느낌은 공간을 공유할 때 생깁니다. 또한 음식을 준비하고 야간에 토론하고 텐트에서 같이 자는 것처럼, 재생산 능력을 공유할 때 나타납니다. 공동으로 구호를 만들고 창의력을 모을 때 출현하지요. 이 모두는 운동에서 매우 결정적인 역할을 합니다.

대다수 사람들에게, 운동은 진정한 변신의 경험이고, 이런 경험은 실제로 구체적인 요구와 분리될 수 없습니다. 사실, 저는 요구라고 칭하고 싶지 않습니다. 요구란 표현은, 그게 자본에 복무하는 국가든 고용주든 간에, 기부자와의 수동적 관계를 함축하고 있습니다. 대신에 우리가 뭔가 목표를 주장하고자 한다면, 사람들을 효과적으로 결집할 수 있는 목표를 요구해야 합니다. 그런 목표는 수동적인 의존 관계가 아니라 사람들이 뭉칠 수 있는 형세를 창출합니다. 고집스레, 운동이 요구의 정치를 추종하지 않고 재현/대의representation의 정치를 거부하는 경향은 매우 중요합니다.

카페치스

마치 내가 캠프장에 있다는 느낌은 뉴욕뿐만 아니라 몬트리올에서도 생겼습니다. 내가 볼 때, 그곳에서 점거운동은 사람들이 캠프장에 머물 수 있는 능력에 좌우됩니다. 기온이 영하로 떨어지고 눈이 오는 와중에도, 사람들은 밤샘 총회를 열어 시간을 보냈습니다. 이는 정서적 방식으로 이들을 살찌우는 물리적이고 육체적인 수단이었죠. 건강을 해치면서까지 같이 머물려고 했기 때문에, 사람들은 엄청난 공격과 비난에 직면했습니다. 그런데 내게는 뭔가 일어나고 있는 것처럼 보였습니다. 총회장에서 했던 기온 체크처럼, 뭔가가 실제로 일어나고 있습니다. 정말 뜨겁게요.

페데리치

그리고 이런 전술, 즉 예를 들어 인간확성기4 같은 육

─────────

4. [옮긴이] 마이크 체크(mike-check), 즉 '인간확성기'는 월가 점거운동에 등장해 화제가 된 시위법이다. 미국의 경우, 공공장소에서 경찰의 허가 없이 확성기를 사용하는 것은 불법이라서, 시위대들은 스스로가 확성기가

체적 전술의 즐거움과 반향은 당신이 언급한 정동의 상징입니다. 사람들이 인간확성기가 될 때 강력한 효과가 나타납니다. 인간확성기는 일종의 성명서가 되었죠. "우리는 함께한다! 다른 사람들이 허락하든 말든 우리는 하고 싶은 대로 할 것이다." 인간확성기는 이러한 감정적 유대를 선언하게 했습니다. 혹은 연대를 표출시켰던 것이지요.

부르너

표현의 측면에서, 흥미로운 점은 인간확성기가 통상적 어순을 파괴하는 겁니다. 그런데도 말이 된다는 거죠. 비슷한 표현 방식을 들면, 몬트리올에서는 매일 저녁 "냄비시위"가 벌어지고 있습니다.5 얼마나 감동적인지 모릅니다.

되어야 했다. 누군가 할 말이 있는 사람이 '마이크 체크'라고 외치면 뒤에 있는 사람들도 들을 수 있도록 방금 나온 이야기를 한 문장씩 끊어서 앞사람이 반복해 주는 것이다.

5. [옮긴이] 냄비시위(casseroladas, cacerolazo)는 냄비나 프라이팬을 들고 꽹과리처럼 치는 집회를 말한다. 이는 1982년 아르헨티나에서, 군사정권에 항의하는 주부 시위에서 시작했다고 알려져 있다. 이들은 냄비를 두드리고 국가를 부르면서 생활고 문제 해결을 촉구했다. 당시 시위대가 들고 있던 피켓은 "일자리를 달라", "세금을 내려 달라", "임금 인상 촉구", "배고파서 못 살겠다", "가난한 아이들은 고기도 못 먹는다", "빵과 우유를 살 돈이 없다" 등 이었다. 그렇지만, 최초의 원조는 1971년 칠레에서 등장했다. 살바도르 아옌데 집권 아래, 일단의 칠레 주부들이 냄비를 들고 시위에 나섰지만 아우구스또 피노체트 군사정권이 들어서면서 냄비 시위는 길거리에서 사라졌다. http://www.korar.org/index.php?mid=Culture_information&document_srl=20217&listStyle=viewer.

페데리치

그렇습니다. 냄비시위는 아르헨티나에서 마드리드를 거쳐 이제 몬트리올로 이동하고 있습니다. 라틴 아메리카에서 시작된 무언가가 이제는 상이한 언어들을 통해 순환하고 있습니다. 다양한 언어들이 공통 관념을 규정하는 셈이죠.

부르너

그런 게 선생님이 앞서 설명한 지속성의 일부 아닐까요? 1970년대 이래, 아르헨티나는 지속적인 투쟁을 전개했고, 그러한 투쟁은 스스로를 끊임없이 재생산하고 재발명해 왔습니다. 게다가, 유사한 투쟁 기법들이 전 세계의 투쟁을 꾸준히 고무하고 있으니까요.

페데리치

바로 그렇습니다!

위기 관련 용어 해설[1]

금융 분야는 종사자들과 전문가들만 알아들을 수 있는 고유한 용어를 사용하고 있으며, 게다가 이 용어 자체가 매우 난해한 신조어들로 이루어져 있다. 영미권에서 통용되는 대부분의 용어는 사실상 다른 언어로 번역하기 어려우며, 특히나 초심자들이 이해하기 어려운 복잡한 과정을 가리키는 경우가 태반이다. 여기서 초심자란 대부분의 사람을 일컫는다. 결과적으로, 이러한 언어적 난해함을 방패로 삼아, 금융 분야는 번창하고

---

1. 이 간략한 용어 해설은 다음에 제시된 문헌을 토대로 했다. *La grande crisi. Domande e risposte*, Il Sole 24 Ore, Milano, October 2008. Charles R. Morris, *Crack Come siamo arrivati al collasso del mercato e cosa ci riserva il futuro*, Elliot Edizioni, Rome, 2008. Frédéric Lordon, *Jusqu'à quand? Pour en finir avec les crises financières*, Editions Raisons d'agir, Paris, 2008. Paul Krugman, *Il ritorno dell'economia della depressione e la crisi del 2008*, Garzanti, Milan, 2008. [여기에서 제시된 용어는 본문에 등장하는 것도 있고 아닌 것도 있다. 본문에는 주석으로 필요할 때마다 용어설명을 덧붙였다. 따라서 부록의 용어 해설을 몰라도 본문을 읽는 데 큰 무리가 없을 것이다. 또한 옮긴이가 독자들의 이해를 돕기 위해 설명을 보충하였다. 설명을 위해 삽입한 내용은 주로 네이버 지식백과, 두산동아백과사전, 재정부의 시사경제용어사전, 매일경제, 위키백과 등을 참고로 했으며, 별도로 출처를 표시 하지 않는다—옮긴이.]

있다. 상황이 이렇다면, 민주주의 문제가 제기되어야 한다. 우리는 모든 시민들의 삶과 직결된 전략, 절차, 결정을 공개적으로 논쟁에 부칠 수 있어야 한다. 이를 위해, 아래에서 금융 관련 용어 몇 가지를 설명할 것이다(전부가 아니다!). 이를 통해, 독자들은 최근의 금융화 역사를 조금이나마 이해할 수 있을 것이다.

긴급구제(Bailout)

파산 상태에 가까운 기관에 유동성을 공급하여 구제하는 조치를 말한다.

공정가치(Fair value)

문자 그대로, 공정한 가격에 대한 추정치를 말한다. 이 용어는 국제회계기준IFRS의 회계원칙에 따라 보급 확산되었다. [이는 다른 말로 공정시장가치fair market value라고 한다. 재고자산의 평가에 사용되는 회계원칙 가운데 하나로, 공정시장가치는 구매자와 판매자 간에 거래를 수행하는 '시장가'를 객관적이고 정확한 기준으로 판단한다.] 공정가치를 평가하는 방법은 [시장에서] 균형 상태에 있는 가치가 "실제" 가치를 반영한다고 전제한다. [특히, 시가기준market to market이란 자산을 매입한 시점이 아니라 현재 시점에서 거래되는 가격을 기준으로 한다. 따라서 자산 가치가 지속적으로 상승하는 국면에서 거품이 발생하면, 자산 가치는 과대평가되고 리스크는 과소평가될 공산이 높다. 이처럼 저금리 상태에서 금융자산의 가치가 계속 상승할 경우, 금융기관과 기업 등 경제주체는 부채를 증가시킬수록 유리한 입장에 처하고 이 부채는 금융증권화를 통해 또 다른 부채나 신용을 창출한다. 따라서, 시가기준은 금융시장의 활성화와 금융거품에 크게 기여하는 평가기법인 셈이다.] 한편으로, 때때로 공정가치를 평가하기 곤란한 활동들도 존재한다. 특히, 비물질활동을 비롯해 시장에서 교환되지 않는 일부 금융활동은 공정가치를 계산하기 어렵다. [아래 시가평가방식 항목을 참조하라.]

금융증권화, 증권화, 유동화(Securitization)

신용대출credit이나 미래 현금흐름을 자산으로 전환하는 활동을 가리킨다("특수목적회사"SVP의 고유한 목적은 이 활동의 실행이다). 예를 들어, 은행이 자신의 자산 가운데 상당한 부동산대출을 보유하고 있다고 해보자. 이럴 경우, 우선 은행은 부동산대출을 금융증권화[즉 현금화]하려고 시도할 수 있다. 다시 말해, 부동산대출을 담보로 새로운 증권을 발행할 수 있는 것이다. 다음으로, 발행된 증권은 [자산유동화를 담당하는 특수목적회사에게 판매되어 최종적으로] 개인 투자자와 기관 투자자에게 판매되며, 이를 통해 [확보된 자금으로] 은행은 대부자, 즉 투자자에게 빌린 자금을 상환하게 된다. [또한 은행의 입장에서 장기 자산인 부동산 대출을 담보로 새로운 파생상품을 만들어 낼 때, 흔히 리스크를 다른 투자자에게 이전시키는 계약을 하기 때문에 재무상태를 건전화할 수 있다. 따라서 '깨끗한' 신용상태에서 은행은 새로운 신용을 공여할 수 있다. 결과적으로] 은행이 획득한 자금은 대체로 은행 자신의 활동을 확장하는 데 사용된다. 금융증권화된 자산은 일반적인 채권과 마찬가지로, 만기와 금리를 지니고 있으며 부채지급증[1]은 최초 채무자의 원리금에 묶여 있다. 앞서 언급한 대로, 은행들은 유동화하기 힘든 채권들을 유통하는 장점뿐만 아니라, 증권화를 통해 이들 채권에 대한 신용 위험을 줄일 수 있다. 은행의 리스크가 투자자들에게 옮겨가기 때문이다. 오늘날, 중앙정부와 지방정부 역시 금융증권화를 사용하고 있다. [또한 이에 대해서는 자산담보부기업어음ABCP 항목의 자산유동화 구조에 관한 설명을 참조하라.]

담보(Collateral)
채무자가 채권자에게 저당 잡힌 자산을 말한다.

디레버리징(Deleveraging)

---

1. [옮긴이] 부채지급증(debt service)은 특정 기간 동안의 이자비용, 원금지급, 감채기금의 충당에 소요되는 자금을 말한다. 기업의 부채지급능력은 현금의 흐름과 부채지급금을 비교하여 평가한다.

[레버리지의 반대 개념으로 부채를 줄이는 행위를 말한다. 빚을 지렛대로 투자수익률을 극대화하는 레버리지는 경기가 호황일 때 효과적인 투자법이다. 상대적으로 낮은 비용, 즉 저금리로 자금을 끌어와 수익성 높은 곳에 투자하면 조달비용을 갚고도 수익을 남길 수 있기 때문이다. 레버리지는 재무구조상 자기자본 대비 차입비율이며, 따라서 타인자본 비용이 클수록 레버리지 수준은 높아진다.] 전반적인 디레버리지 과정에 들어가면, 한편으로는 고위험 금융기법에 전력하던 투자자들이 시장에서 자금을 철수하거나 그렇게 하겠다고 위협한다. 다른 한편으로는 자산의 강제파산청산이 점점 더 가속화되어 시장은 악순환에 감염되어 간다. 이 과정이 진행될수록, 예측 불가능성은 점점 더 증가하고 모든 종류의 자산 가격은 점점 더 하락한다.

레버리지(Leverage)

금융 자원의 전체를 소유할 필요 없이 일부만 소유하여 전체를 통제하는 기법이다. 다시 말해, 적은 자본을 활용하여 많은 금융 자원을 통제하는 능력을 말한다. 일반적으로 은행에서 레버리지의 활용은 다름 아닌 매우 복잡한 구조를 가진 파생금융상품을 발행한다는 뜻이다. [기본적으로 파생금융상품은 소규모 자금으로 대규모 투자를 가능하게 해주기 때문이다. 레버리지는 '지렛대'라는 의미로 금융계에선 차입을 뜻한다.

빚을 지렛대로 투자 수익률을 극대화하는 레버리지는 경기가 호황일 때 효과적인 투자기법으로 알려져 있다. 이는 상대적으로 낮은 비용으로 자금을 끌어와 수익성 높은 곳에 투자하면 조달비용을 갚고도 수익을 남길 수 있기 때문이다. 디레버리징 항목을 참조하라.]

리보, 리보금리(Libor, London Interbank Offered Rate)

런던 은행간 시장에서 사용되는 이자율을 말한다. 리보에 준하여, 유럽연합은 유리보Euribo, Euro Interbank Offered Rate를 사용하는데, [유리보는 유로화를 사용하는 유럽연합 내 12개국의 시중은행간 금리이다.] 리보와 유리보는 기타 모든 금리의 기준으로 작용한다.

모노라인(Monoline)

채권보증전문회사를 말한다. [모노라인은 채권을 발행한 기업이나 금융회사가 부실해져 돈을 제대로 갚지 못할 때, 이를 대신 지급해 주기로 보증한다. 채권시장이 발달한 미국의 경우, 모노라인의 채권 보증 규모는 2006년 말 기준으로 2조2천억 달러에 달할 정도로 활성화되어 있다. 채권 등 금융시장 관련 분야만 보증하는 경우를 모노라인이라 부르고, 부동산과 재해 관련 위험까지도 보증하는 경우를 멀티라인multilines이라 부른다.]

베이시스 포인트(Basis point)

[간단히 줄여서 비피bp라고 부르는 일종의 단위다.] 1bp는 100분의 1퍼센트, 즉 0.01퍼센트를 의미하며 [따라서 100bp는 1퍼센트를 뜻한다]. 이 용어는 이자율, 환율, 공사채 수익의 변동을 가리킬 때 사용된다. [예를 들어, 채권수익률이 2퍼센트에서 2.5퍼센트로 상승하면, 수익률이 50bp 상승했다고 말한다.]

벤치마크(Benchmark)

"객관적인" 측정기준, 기준점을 말하며 [금융분야에서는 일종의 '기준수익률'을 가리킨다.] 흔히, 시장의 리스크/수익 상황을 대표하는 각종 인덱스index로 구성된다[예를 들어, 코스피KOSPI 지수]. 벤치마크는 투자자saver가 인수한 상품의 리스크 정도를 밝혀주는 지표이며, 또한 투자 상품의 효율을 평가하는 데 유용한 지표이다. [따라서, 투자자는 자신의 투자성과를 기준수익률에 비교하여 판단한다.]

부채담보부증권(Collateralized Debt Obligation, CDO)

CDO는 자산유동화증권ABS의 일종으로, 시장의 규제를 받지 않는 고정수익증권을 말한다. 전형적으로, CDO 발행은 "특수목적회사"(SVP, 금융증권화 항목을 참조)에서 시작한다. 먼저, 특수목적회사는 주택담보부대출을 비롯한 모기지 대출,

고수익성 기업 대출 등으로 구성된 복잡한 포트폴리오를 인수한다. 물론, 포트폴리오는 다양한 리스크를 내포한 신용대출을 포함하고 있다. 다음 단계로, CDO는 트랑셰tranche, 혹은 등급으로 분할된다. [트랑셰란 프랑스어로 "부분(몫)"을 의미하는 것으로, 보통 기채조건이 다른 두 종류 이상의 채권을 동시에 발행할 경우, 발행된 각각의 채권을 뜻한다. 여기서는 특수목적회사가 인수한 대출 포트폴리오 전체를 신용도에 따라 몇 가지 등급으로 쪼갠 파생상품을 말한다.] 가장 등급이 낮고 리스크가 높은 트랑셰(후순위equity 트랑셰)는 향후에 나타날 손실 가운데 최초의 x퍼센트를 흡수한다. 따라서, [등급이 높은] 트랑셰(선순위senior 트랑셰)는 포트폴리오의 전체 손실 가운데 후순위 트랑셰가 흡수한 부분을 제외한 만큼의 손실만 입는다. 이러한 보호장치 덕분에, 선순위 트랑셰는 보통 최고(평가) 등급, 즉 트리플A를 받는다. 평가등급은 후순위 트랑셰일수록 점점 더 낮아진다. 한편, 평가등급이 높은 트랑셰일수록 수익은 점점 더 낮아진다. CDO는 가치평가가 까다로운 매우 복잡한 기법이며 그 결과 매우 불투명한 금융상품이다. CDO는 다양한 종류로 구성되어 있으며, 발행 시점뿐만 아니라 발행 이후에도 장외 점두 시장2에서 거래된다. [참고로, 일

---

2. [옮긴이] 장외 점두시장(Over The Counter market, OTC)은 증권거래소 등 공개된 유가증권 시장 외부에서 거래하는 비조직적인 시장으로 점두 시장, 장외시장, 창구거래라고도 불린다. 보통, 직접거래시장은 투자자 상

반적으로 장외 시장은 금융시장에 대한 각종 규제로부터 자유
롭다.]

비율, 레이쇼(Ratio)

두 가지 변수를 양적으로 비교하여 계산한 [비율] 지표, 관계
를 말한다. 예를 들어, 회사의 수익과 자산을 비교하여 계산할
수 있다. [대표적인 비율로는 환율을 들 수 있으며, 용어 해설
에서 제시된 주가수익률PER이나 자기자본이익률ROE 등도 이
에 해당한다.]

비은행 금융시스템(Non-banking financial system)

"금융시스템의 구조는 호황기를 거치면서 근본적으로 변화했
다. 전통적인 은행시스템 외부에서 소유한 자산이 드라마틱하
게 팽창한 것이다. 이러한 비은행 금융시스템은 그 규모가 엄
청나게 성장했으며 특히 단기금융시장과 펀드시장에서 괄목
하게 팽창했다. 2007년 초, 콘듀잇과 구조화투자회사3가 취급

호간의 개별적 접촉과 협상에 의해 주식거래가 이루어지며, 점두시장은
중개기관인 증권회사의 창구에서 주식거래가 이루어진다.
3. [옮긴이] 구조화투자회사(Structured Investment Vehicle, SIV)는 앞서 설
명한, 특수목적회사나 유동화전문회사의 일종이다. SIV는 투자은행들이
장기고수익자산에 투자할 목적으로 설립한 투자전문 자회사를 말한다.
SIV는 모회사인 은행으로부터 우량자산을 양도받아 이를 근거로 자산담
보부기업어음(ABCP)을 발행해 단기자금을 조달한다. SIV는 이 자금으로
모기지증권 등의 고수익 장기채권에 투자하여 고수익을 올린다. 그러나

하는 총자산규모는 대략 22조 달러에 달했다. 여기에는 자산담보부기업어음4, 경매방식채권5, 옵션부채권6, 변동금리부약속어음 등이 포함된다 …… 초단기 부채로 자금을 조달한 다음 리스크가 높고 유동성이 떨어지는 장기 자산에 대규모

SIV의 자금조달은 단기인 반면 투자는 장기로 이루어지기 때문에, ABCP 발행이 여의치 않을 경우 유동성문제에 봉착하게 된다.

4. [옮긴이] 자산담보부기업어음(Asset-backed Commercial Paper, ABCP) 항목을 참조하라. 이는 자산을 담보로 단기 기업어음을 발행하는 자산유동화증권의 일종이다. 즉, 자산유동화증권의 구조와 기업어음(CP) 구조를 결합시킨 유동화 방식이며, 유동화전문회사가 대상자산(매출채권, 리스채권, 회사채 등)의 현금흐름을 기초로 ABS채권을 발행하는 기법은 기존 ABS와 동일하지만 발행한 ABS채권을 상환하는 조건으로 일정기간마다 단기의 CP를 계속 차환 발행한다. SPC는 장단기 금리차를 이용해 장기 ABS증권을 발행하지 않고 단기 CP를 반복적으로 차환 발행함으로써, 자금조달비용을 절감하는 동시에 불필요한 여유자금을 최소화시킬 수 있다.

5. [옮긴이] 경매방식채권(Auction Rate Securities, ARS)은 미리 기채조건을 결정하지 않고 입찰 방식으로 금리를 결정하는 채권이며 주기적으로 금리를 조정할 수도 있다. 장기 채권에 비해 쉽게 사고 팔 수 있고 조달 비용도 낮아 인기를 끌었다. 그러나 최근 경제위기 이후 채권 매매와 가치산정이 어려워지면서 ARS 채권 입찰이 잇따라 실패하게 되었다. ARS 방식의 채권은 입찰에 실패할 경우 채권 보유자들의 판로가 막히기 때문에 일종의 벌칙 금리가 가해져 금리가 급등하곤 한다.

6. [옮긴이] 옵션부채권(Tender Option Bonds, TOB) 혹은 조건부채권은 파생상품의 일종으로, 일반적으로 단기자금을 동원해 지방채를 구매하며, 이때 단기 차입자금의 금리와 장기 지방채 수익률 사이의 차액으로 수익을 올린다. 대체로 장기 고정금리로 발행된 지방채를 매입한 이후, 유동화전문회사는 금리변동 리스크를 분산한 증권을 단기변동금리로 발행한다. 특히, TOB는 면세 채권이므로 안정적인 수익을 확보하려는 투자자의 구미에 맞는 파생상품이다.

투자가 이루어졌다. 따라서 이런 투자를 가능하게 했던 금융시스템은 고전적인 대규모 인출사태에 매우 취약한 상태이다. 은행시스템과 달리, 그러한 위험에 대비하여 쌓아둔 예금보험[7]이 없기 때문이다. 현재 여기에 수많은 투자자와 금융기관이 얽혀들어 있다." (미재무장관, 티모시 가이트너Timothy Geithner, 2008년 6월 뉴욕경제클럽 연설). [또한 2장 주석 18 OTD 모델을 참조하라. 여기에서 설명하듯이, 은행시스템은 전통적인 L&H 모델에 해당하며, 비은행금융시스템은 OTD모델에 해당한다.]

알트에이 모기지(ALT-A)

모기지 대출의 일종으로서, 알트에이의 리스크 수준은 이른바 "프라임론"과 "서브프라임론" 사이에 해당한다. 대출의 가치와 대출자의 소득 사이에 뚜렷한 관계를 상정할 때, 대체로 개인 신용 상태는 양호하지만 소득 능력이 낮은 사람들이 대체로 알트에이 대출을 받는다.

---

7. [옮긴이] 예금보험(deposit insurance)은 예금보험 회사가 은행예금에 대하여 일정한 비율의 보험료를 징수하고 이에 대한 대가로 은행이 지급불능 상태에 이르면 예금을 환불해 주는 제도이다. 예금업무를 취급하는 금융기관이 경영부실이나 파산 등으로 예금자의 예금을 지급할 수 없을 경우, 제3자인 예금보험기관이 정해진 원칙에 따라 금융기관을 대신하여 예금을 지급해 주고, 금융기관은 이러한 서비스에 대한 대가로 예금보험기관에 수수료를 지급한다.

엘비오, 금융기관차입부 기업매수(Leveraged Buyout, LBO)

높은 금융 레버리지[즉, 부채 차입을 통해 자금]을 동원하여 기업을 인수하는 기법이다. (합병) 회사 X가 (피합병) 회사 Y를 인수한다고 하자. 그리고 X는 [순수한 자기자본이 아니라 제3자나 금융기관을 통해] 조달한 부채로 Y를 인수한다고 하자. 일반적으로 X는 Y의 우선주guaranteed shares 8나 보증재산을 [제3자에게 담보로] 양여하는 조건으로 자금을 조달한다. 대체로, 이렇게 조달된 부채는 피합병 회사에서 발생하는 현금 흐름으로 상환하거나 피합병 회사의 계열사(이른바 비핵심 사업부문)를 매각하여 상환된다. [간단히 말해, LBO는 자기 자본이 아니라 타인 자본, 특히 피합병 회사의 자본과 자산을 바탕으로 기업을 인수하는 기법이다. 국내에서도 LBO는 인수합병, 부실기업의 매각, 공기업 민영화 등에 광범위하게 활용되고 있다. 일명 '승자의 저주'란 무리한 차입과 불투명한 사업전망으로, 인수 기업의 주가가 합병 이후 오히려 곤두박질치는 현상을 말한다. 특히 최근의 LBO는 사모펀드가 개입하는 경우가 많다. 아래 사모, 사모펀드 항목을 참조하라.]

---

8. [옮긴이] 우선주 혹은 보증주는 특정회사의 주식에 대해 제3자가 배당지급을 약속한 주식을 말한다. 제3자는 정부의 금융기관이나 모기업 등 일 수 있다. 이에 비해, 보통주는 주주평등의 원칙에 의거하여 지분에 따라 배당이나 잔여재산을 평등하게 분배를 받을 수 있는 보통 주식이다. 일반적으로 주식은 대체로 보통주를 의미한다.

유독성, 독성, 악성 자산(Toxic asset)

"유독성" 금융자산은 회생 불가능한 금융자산을 말하며, 은행 예금잔고를 "오염시켜" 결국에는 채권 회사를 파산시킬 수 있다. 또한, "유독성 자산"이 "휴지조각", 즉 쓰레기로 판명나면, 이로 인해 저축자의 포트폴리오9는 순식간에 똥값으로 전락할 수 있다.

(현금) 유동성, 환금성(Liquidity(cash))

유동성은 [기업, 금융기관 등] 경제주체가 현금으로 바꿔 쓸 만한 재산을 얼마나 갖고 있느냐는 말이다. 달리 말해, 기관이 보유한 자산을 시장에서 "손쉽게" 매각할 수 있는 능력, 따라서 자산을 현금으로 만들 수 있는 역량을 가리킨다. [흔히 화폐와 현금은 사회에서 통용되는 일반적인 교환 수단이며, 가장 구매력이 강하므로 유동성 또한 가장 높다. 따라서 모든 유동성은 화폐의 유동성을 기초로 하여 평가되며, 흔히 유동성 개념을 화폐와 동의어로 사용하곤 한다. 보통 화폐 이외의 자산은 일단 화폐로 전환된 다음 다른 재화나 서비스로 교환되

---

9. [옮긴이] 포트폴리오(portfolio)는 금융투자 시 위험을 줄이고 투자수익을 극대화하기 위해, 투자자가 여러 종목에 분산 투자하는 기법이다. 원래는 '서류가방', '작품집', '자료수집철'을 뜻하지만, 금융투자에서는 여러 종목에 분산 투자함으로써 한 곳에 투자할 경우 생길 수 있는 위험을 줄이고 투자수익을 극대화하는 방법이다. 이는 보통 '계란을 한 바구니에 담지 마라'는 금언으로 잘 알려져 있다.

는데, 이를 일반적으로 자산의 유동성이라고 말한다. 자산의 유동성은 전환되는 자산의 양과 질, 전환을 위한 시장의 형성, 거래 방법, 재再금융의 가능성 등에 따라 유동성 정도가 달라진다. 특히, 기업의 유동성은 넓게 봐서 기업이 화폐수요에 대응할 수 있는 정도를 말하며, 좁은 뜻으로는 채무지불이나 변제시기에 맞추어 현금을 비롯한 자금을 동원할 수 있는 능력을 말한다. 기업에서 유동성이 중요한 까닭은 이것이 지나치게 높으면 결국 자본을 유용하게 활용하지 못해 수익성은 하락하기 때문이고, 반대로 유동성이 충분하지 못하면 경영 과정에 장애가 발생해 지급불능이나 파산으로 이어질 수 있기 때문이다.]

은행간 금리, 시장금리(Interbank rate)

은행간시장interbank market은 [금융기관 상호 간에 단기적인 자금의 대차거래가 이루어지는 시장을 말한다. 이는 구체적인 장소에서 이루어지는 게 아니라 장외시장에서 거래되며 전화를 사용하기 때문에 텔레폰 마켓telephone market으로 불렸다.] 은행간시장의 목적은 단기 자금 거래에서 불균형이 일어날 때 이를 지원하는 것이며, 여유 자금을 보유한 금융기관은 이를 요하는 다른 기관에게 자금을 대부해준다. 대표적으로, 매일 오전마다, 유럽의 주요 50개 은행은 대차거래에서 사용할 금리를 서로 공유해야 한다(이것이 바로 은행간 금리interbank rate

이다). 한편 숨겨진 악성 자산이 대규모로 발견되어 은행의 상호 신뢰위기로 번졌을 때, 은행간 금리는 급속하게 상승했다. [아래에 제시된 리보금리는 대표적인 사례이다.]

사모, 사모펀드, 프라이빗에쿼티(Private equity)
특수투자법인이 [증권시장과 같은 공개시장이 아니라 기업경영진과 협상을 통해] 상장회사 및 비상장회사에 투자하는 방식이다. 사모펀드의 운용사는 성장 전망이 양호한 소규모 회사들을 골라 투자하고, 이들을 성장시킨 다음 보유 주식을 높은 가격에 판매하고 철수한다. [사모는 프라이빗에쿼티의 약자 PE라고도 불리며, 여기서 '사모'私募란 '공모'公募와 대비되는 용어이다. PE에 투자하는 펀드를 사모펀드private equity fund, PEF라고 부른다. 사모펀드의 운용사는 대부분 앞에서 설명한 LOB기법으로 지분을 인수한 후, 몇 년 안에 경영을 정상화시켜 기업 가치를 높인 다음 지분을 되팔아 차익을 챙긴다. 원래, 뮤추얼펀드처럼 불특정 다수의 일반 투자자를 대상으로 널리 판매되는 공모펀드와 달리, 사모펀드는 비교적 소수의 투자자를 대상으로 한정 판매하며, 기업 간 인수합병과 이에 대한 경영권 방어 등의 목적으로 이용된다. 특히, 공모펀드와 달리 운용에 특별한 제약이 없는 만큼 각종 규제를 피할 수 있다. 예컨대, 공모펀드는 펀드 규모의 10퍼센트 이상을 한 주식에 투자할 수 없고, 주식 외 채권 등 유가증권에도 종목당 10

퍼센트 이상 투자할 수 없다. 그러나 사모펀드는 이러한 제한이 없어 이익이 발생할 만한 어떠한 투자대상에도 투자할 수 있다. 따라서 사모펀드는 국내외 투기, 재벌의 계열사 지원, 내부자금 이동, 불법적인 자금세탁 등으로 악용될 우려가 있다. 국내의 대표적인 사모펀드로는 '5조원 먹튀' 논란을 빚은 론스타Loan Star를 들 수 있다. 론스타는 탈법과 편법으로 외환은행을 인수한 이후 단기적인 구조조정을 실시하고, 서류조작과 주가개입 등을 자행한 다음 외환은행을 되팔아 4조7천억의 차익을 챙겼다. 그럼에도 론스타는 국내외 조세규정을 활용해 이른바 '절세'를 했고, 최근에는 한국정부를 상대로 투자자국가간 소송ISD를 제기한 상태이다. 나아가, 론스타의 외환은행 인수와 매각은 규제받지 않는 전지구적 금융자본의 '도덕적 해이'뿐만 아니라 국내의 정관계, 로펌, 금융기관, 언론등이 연루된 복합적 스캔들로 드러났다.]

서브프라임(Subprime)

미국에서 사용되는 용어로서, 서브프라임은 파산 위험이 높은 사람들에게 제공되는 낮은 등급의 부동산대출을 말한다. 서브프라임 대출자들은 주로 파산 직전에 있으며, 소득이 낮거나 불확실하고, 다른 종류의 재산이 없는 사람들이다. [우리말로 서브프라임은 '비우량주택담보대출'이다. 대출자의 신용도가 낮기 때문에 우대금리보다 높은 가산금리가 적용된다. 미국의 주택담보대출시장은 집을 사려는 일반 개인의 신용등급에 따라 크게 3종류의 대출로 구분된다. 신용등급이 높으면 '우량주택담보대출', 즉 프라임Prime 모기지에 해당하고 낮으면 '서브프라임Subprime 모기지'를 받는다. 또한 중간 신용등급은 '알트에이'Alt-A, Alternative-A를 적용받는다. 신용등급이 높을수록 우대금리를 적용 받을 수 있다. 모기지 신용등급은 신용평가회사인 피코FICO, Fair Issac and Company에서 심사하며, 이때 대출 신청자의 과거 대출실적, 대출잔액, 거래기간, 신용대출실적, 신용조회수, 적정수준 대출유지 여부 등 5개 부문을 기준으로 평가된다. 이때 거래기간이 길수록, 신용점수와 비교할 때 기존대출이 적을수록, 신용조회수가 많지 않을수록, 연체가 없고 적정수준의 대출을 유지할수록 신용점수는 높게 나온다. 평가점수는 최저 300점에서 최고 850점까지 산정되는데, 일반적으로 신용점수가 620점 미만인 사람들은 서브프라임 모기지를 받는다. 신용점수 620점은 넘지만, 소득증명이 불완전하거나 두 번째 주택을 구입하는 경우는 알트에이 모기지에 해당된다. 용어 해설 가운데 알트에이 모기지 항목을 참조하라.]

스왑(Swap)

두 거래 당사자 사이에 체결되는 약정으로, 두 당사자는 사전에 약정된 조건에 따라 현금흐름의 유입이나 유출을 정기적으로 교환한다. [스왑이란 대체로 서로 다른 통화 또는 금리표시의 채권, 채무를 미리 약정한 조건에 따라 일정기간 교환하는 거래를 말하며, 보통 그 목적은 기존부채나 신규부채에 대한 리스크를 분산하거나 차입비용을 절감하기 위함이다. 대표적으로, 금리스왑은 금리상품의 가격변동으로 인한 손실을 보전할 목적으로 금융 기관끼리 고정금리와 변동금리를 일정기간 동안 서로 교환한다. 또한 이 책의 맥락에서는 용어 해설의 신용부도스왑 항목을 참조하라.]

시가평가방식, MTM방식(Market-to-Market)

회계에서 [자산의 가치평가] 기준으로 공정가치를 적용하는 것이다. 달리 말해, 금융 상품을 평가할 때 역사적 원가(즉, 매입 가격)가 아니라 [현재의] 시장 가격을 기준으로 사용한다는 뜻이다. 이른바 "재무상태를 현실화"하고 투명하게 만든다는 목적 아래, 회계규준은 금융거래 활동의 평가에서 일반적으로 "시가평가" 기준을 사용하도록 권하고 있다. 시가평가기준은 신뢰성과 투명성을 장점으로 꼽고 있지만 경기순응적 성격을 갖기 때문에, 금융 상품 가격의 강력한 상승이나 하락 국면에서 주식의 예측불가능성을 심화시킬 수 있다. [간단히 말해, 시가평가방식의 경우, 사실상 자산의 '근원적' 가치가 시장가격에 좌우되므로, 예컨대 시장가격이 올라갈수록 자산 가치는 과대평가되고 이에 따라 리스크는 과소평가된다. 일반적으로 시가평가를 활용하는 신용평가 기관들의 뒷북 조정은 대표적인 '경기순응적' 형태로 알려져 있다. 이들은 국가와 기업의 신용등급을 사정이 어려울 때는 더 나쁘게 평가하고 사정이 좋을 때는 더 좋게 평가한다는 것이다. 결국 시가평가방식은 투자쏠림을 유도하여 시장의 경기 등락폭을 가속화할 위험을 지닌다. 한편, 시가평가방식이 보다 투명한 기준이라는 근거는 다음과 같다. 보유한 증권의 가격이 하락할 때마다 곧바로 손실처리를 할 수 있어, 결과적으로 보유자산 평가의 적시성과 투명성이 높아질 수 있다는 것이다. 반대로, 시가평가를 따를 때 자산 가치가 하락하면 금융회사 입장에서는 손실 폭이 보다 확대되고 궁극적으로 자본이 크게 줄어든다. 이에 따라 금융회사는 대출을 지나치게 축소하게 되어 극단적으로는 신용경색을 유도할 수 있다.]

신용경색(Credit crunch)

금융위기, 특히 은행 위기를 동반한 금융위기가 발생할 때, 은행의 신용 공급이 수축(혹은 제한)되는 현상으로, [금융시장에 공급된 자금의 절대량이 적거나 자금의 통로가 막혀있을 때 발생한다.] 신용경색은 보통 인플레이션을 "냉각"시키는 기능을 하며, 따라서 연쇄적인 은행 파산을 유발한다. [결과적으로 시중에 자금이 제대로 공급되지 않아 기업들은 자금 부족을 겪게 된다. 이러한 현상이 지속될 경우 도산하는 기업이 증가

하는 것은 물론 시장경제 전체의 위축을 가져올 수 있다.]

신용부도스왑(Credit Default Swap, CDS)

일종의 신용파생상품으로서, [채권이나 대출금 등] 확정된 금융거래와 관련된 신용리스크를 이전하는 수단이다. 이때 [자신의 금융자산에서 리스크만 분리하여] 이를 매도하는 쪽을 보장매입자라 한다. 보장매입자는 [일정한 수수료를 지급하고] 리스크를 매입하는 쪽, 즉 보장매도자에게 위험을 전가한다. [간단히 말해, CDS는 부도의 위험만 따로 떼어내어 사고파는 신용파생상품이다. 예를 들면, A은행이 B기업의 회사채를 인수한 경우에 B기업이 파산하면 A은행은 채권에 투자한 원금을 회수할 수 없게 된다. A은행은 이러한 신용부도를 피하기 위하여 제3의 C금융회사에 정기적으로 수수료를 지급하는 대신, B기업이 파산할 경우에 C금융회사로부터 투자원금을 보장받는 거래를 하는 것이다.] 따라서 CDS는 보험증서와 유사하다. [달리 말해, 채권을 보유한 주체가 동 채권의 채무불이행에 대비하여 일종의 보험에 가입하는 것이다.] CDS는 장외 비공식 시장에서 점두 형태로 거래된다. 여기서 판매자와 구매자 사이의 계약과 관행은 표준화되어 있지 않으며, (진입, 통제, 고지의무 등) 공식 시장에서 통용되는 일련의 규범을 따르지 않는다. [덧붙이면, CDS를 통해 은행 등 보장매입자는 자신의 재무제표에서 리스크를 제거하여 건전한 자산구조를 확보할 수 있으며 이를 바탕으로 새로운 신용을 창조할 수 있다. 반대로, 보장매도자는 거의 아무런 자본을 투자하지 않고 수수료를 챙길 수 있다. 또한 최근의 CDS는 주로 금융자산의 가치가 상승할 때 수익이 발생하므로, 만일 반대의 현상이 벌어지면 연쇄적인 손실이 발생할 위험을 내포하고 있다.]

신용평가기관(Rating agency)

채권 발행자의 신용 리스크, 다시 말해, 다양한 모기지 대출을 담보로 구조화된 채권을 평가하여 (공지하는) 특정 기관을 가리킨다. 주요 기관으로 무디스Moody's, 스탠다드&푸어스, 피치Fitch, 디비알에스DBRS가 있으며, 이들 모두는 미국 회사이다. [보통 영국의 피치 IBCA, 미국의 무디스와 S&P를 세계3대 신용평가기관으로 부른다. 이들은 민간 채권과 금융상품뿐만 아니라 국가신용도를 평가하고 있으며 세계금융시장을 좌우할 만큼 막강한 영향력을 발휘한다. 잘 알려진 대로, 1997년 한국의 외환위기 때, S&P는 1997년 10월 AA-였던 신용등급을 두 달 만에 투기등급(B+)으로 끌어내려 위기를 가속화했다. 반면에, 최근의 미국 금융위기나 유럽의 국가부도 위기를 맞아, 신용평가 기관은 부실을 예측하지 못한 채 뒷북 조정에 나섰다. 무엇보다도, 신용평가기관 자체가 자산유동화에 참여하는 등 이들 기관은 금융시장의 이해당사자로서 객관성과 중립성을 의심받고 있다. 또한, 신용평가기관은 각국의 정치, 경제 상황과 향후 전망 등을 종합적으로 평가해 국가별 등급을 발표하지만, 그것이 구체적으로 어떻게 평가되는지 공개된 적이 없다. 덧붙이면, 신용등급은 보통 16단계로 구분되는데 표기방식은 평가기관에 따라 조금씩 다르다. 예를 들어, 무디스는 가장 높은 등급을 Aaa, S&P와 피치는 AAA로 표시한다. 최하위 등급은 각각 B3 또는 B-로 표기한다. 16단계의 신용등급은 신용 정도에 따라 투자등급과 투기등급으로 구분되며 투자 위험이 큰 나라는 투기등급군으로 분류된다.]

신용평가등급, 트리플에이 등(AAA, AA, A, BBB)

(신용평가기관 스탠다드&푸어스Standard&Poor's가 사용하고 있는) 부채자산 등급을 평가하는 방식이다. 리스크가 높은 자산일수록 낮은 등급을 받고 높은 수익을 얻는다.

자기자본이익률(Return On Equity, ROE)

순純자산 대비 수익을 가리킨다. [즉, 기업의 자기자본에 대한 기간이익의 비율을 뜻한다.] ROE는 자산에 대한 수익률의 지표이며, 다시 말해 (은행과 같은) 기업의 주식소유자가 활용할 수 있는 수익률 지표이다. [따라서 ROE는 재무관리나 주식투자에 널리 활용되고 있는 대표적인 지표이다. ROE는 특정 기업이 투자된 자본을 사용하여 이익을 어느 정도 올리고 있는가를 나타내는 기업의 이익창출능력이며, 달리말해 자기자본수익률로 불린다. 산출방식은 기업의 당기순이익을 자기자본으로 나눈 뒤 100을 곱한 값이다. 예를 들어 자기자본이익률이 10퍼센트라고 하자. 이는 투자자가 연초에 1,000원을 투자하면 연말에 100원의 이익을 낸다는 뜻이다. 일반적으로, 자기자본이익률이 높은 기업은 자본을 효율적으로 사용하여 이익을 많이 내는 기업으로 인식되어 주가가 높게 형성되는 경향이 있으며, 따라서 투자지표로 활용된다. 투자자 입장에서 보면 투자 기업의 자기자본이익률이 시중금리보다 높아야 투자자금의 조달비용을 넘어서는 순이익이 가능하다. 간단히 말해, ROE가 시중금리보다 낮으면, 투자자금을 은행에 예금하는 것이 더 낫기 때문이다.]

자산유동화증권(Asset-Backed Securities, ABS)
은행이 공급하는 채권의 일종이며, 만기까지 유동화할 수 없는 상품에서 발생하는 소득 흐름이 이를 보장해준다. 하지만, 은행들은 만기까지 기다리지 않더라도, 이자가 가산된 채권, 즉 "상품담보부약정"으로 이 거래를 흡수하거나 "포장"하여 민간 펀드에 판매할 수 있다. 이러한 방식으로, 은행 입장에서 대출된 자본은 즉각적인 수익으로 되돌아오고 은행은 자신의 활동을 다시금 확장할 수 있다. 일반적으로, ABS 발행에 가장 적합한 대출 유형은 부동산대출, 자동차신용대출, 보험증서, 신용카드대출이다. 간략히 말해, ABS는 신용대출을 비롯한 관련 리스크를 은행의 계좌로부터 제3의 비은행 구매자로 이전하는 방법이다.

자산담보부기업어음(Asset-Backed Commercial Paper, ABCP)

일종의 무담보 상업어음(혹은 기업어음CP)으로, 이는 특히 금융화증권과 같은 다른 금융 상품에 의해 보장된다. ABCP는 일반적으로 80일에서 180일 동안 유효한 단기 투자 형태를 취하며, 은행을 비롯한 금융기관들이 단기 자금조달 목적으로 발행한다. 특수목적회사, 혹은 유동화전문회사들이 ABCP를 광범위하게 활용하고 있으며, 이들 회사는 은행에 의해 보증된다(부록의 콘듀잇Conduit, 특수목적회사SPC 항목을 참조). 은행들은 신용대출로 대표되는 장기 자산에 투자할 목적으로, 기업어음을 발행해 자금을 단기로 조달하며, 이때 발행된 ABCP는 신용대출 [또는 매출채권, 회사채, 부동산 등 은행이 보유한 기초자산을 통해 보장된다. 2007~2008년, 이들 자산의 가치가 붕괴하자 관련 금융기관들은 수많은 문제를 노출했다. 이들 금융기관은 더 이상 기업어음으로 자금을 조달할 수 없게 되었고, 대신에 보증 은행의 신용 공급에 의존해야만 했다(이 때문에 은행간 금리가 엄청나게 뛰어 올랐다. 높은 은행간 금리는 은행들이 서로를 믿지 못한다는 강력한 증거였다). [여기서 간단히 ABCP와 같은 금융상품을 생산하고 유통하는 자산유동화의 기본구조를 살펴보자. 실제로 자산유동화는 부록에 제시된 용어들이 관련되는 금융기법의 골격이며, 일반적으로는 2장 주석 18에 설명된 OTD 모델을 특징으로 한다. 우선 자산보유자, 유동화전문회사, 투자자 세 주체가 있다. 자산보유자는 자산유동화증권을 발행할 때 기초가 되는 본 자산을 소유한 회사, 가령 은행이고, 유동화전문회사는 자산유동화증권을 발행하고 대금상환을 목적으로 설립된 명목상 회사paper company이다. 자산보유자는 유동화전문회사에 주택담보대출 등 기초자산을 양도하고, 유동화전문회사는 이들 자산을 기초로 자산유동화증권ABS 등을 발행한다. ABS가 발행되면 연기금이나 개인 등 투자자는 이를 인수하고 발행대금을 지불하고, 발행대금은 자산보유자에게 지급되고 자산보유자는 본래 기초자산에서 발생하는 현금흐름으로 발행대금을 상환한다. 이것이 기본 구조라면, 여기에 참여하는 유동화 참여회사가 존재한다. 우선 주관회사는 유동화자산 및 자산보유자의 특성에 맞는 거래구조를 자문해주고 각 유동화 거래에 참여하는 회사를 연결하고, 유동화전문회사를 설립하는 등 전반적인 총괄 업무를 행한다. 다음으로 자산관리자는 유동화전문회사를 위한 자산관리회사이다. 유동화전문회사는 단지 증권의 발행과 대금 상환을 목적으로 설립된 회사에 불과하므로, 각종 자산의 추심과 관리 업무는 자산관리자가 대행하게 된다. 마지막으로, 신용평가기관과 법무법인, 회계법인이 개입한다. 신용평가기관은 유동화증권의 신용등급을 결정하고 법률회사

는 법적인 검토와 서류 작업을 책임지고, 회계법인은 유동화 자산의 실사와 평가 등을 맡는다.]

주가수익률(Price/earning ration, P/E)

[보통 퍼PER라고 부르는 수치로 특정 주식의 주가가 1주당 수익의 몇 배가 되는가를 나타내며, 가장 기본적인 투자 기준 척도이다.] 주당시가를 주당수익으로 나눈 값을 말한다. 예를 들어, 주가수익률이 15라면, 발생수익은 주당 주가를 15로 나눈 만큼이다(PER가 15이고 주당 가격이 1달러일 때, 수익률은 [1/15=] 6.7퍼센트이다). [일반적으로, PER가 높다는 것은 주당이익에 비해 주식가격이 높다는 뜻이며 PER가 낮다는 것은 주당이익에 비해 주식가격이 낮다는 말이다. 그러므로 PER가 낮은 주식은 앞으로 가격이 올라갈 가능성이 크다는 뜻이며, 따라서 투자수익이 크다는 의미이다. 한편, 주식의 수익성은 전통적으로 배당에 의존해 왔으나 최근에는 배당보다는 매매수익에 의존하고 있다. 따라서 주가수익률은 투자를 결정하는 척도로 주목을 받고 있다.]

주택저당채권담보부증권, 모기지담보부증권
(Mortgage-Backed Securities, MBS)

자산유동화증권ABS의 일종으로, 부동산대출을 바탕으로 금융 증권화가 이루어진다. [모기지 대출은 간단히 주택담보대출을 뜻하지만, 구체적인 메커니즘은 다음과 같다. 우선, 주택자금이 필요한 사람은 은행을 비롯한 금융기관에서 장기 저리자금을 빌리면, 은행은 주택을 담보로 주택저당증권을 발행하고 이를 중개기관에 팔아 대출자금을 회수한다. 이때 발행되는 채권이 바로 주택저당증권, 즉 모기지담보부증권이다. 중개기관은 주택저당증권을 다시 제3의 투자자에게 판매하고 그 대금을 금융기관에 지급하게 된다. 그러니깐, 주택저당증권은 장기 부동산대출을 해준 금융기관이 이 자산을 유동화하기 위해 발행하는 파생금융상품의 일종이다.]

체계적 위험(Systemic risk)

국지적인 실패가 연쇄적 반응을 일으키는 상황으로, 이는 전 지구적인 금융시스템의 붕괴 위험으로 이어진다. [일반적으로 체계적 위험은 아무리 위험을 분산해도 제거할 수 없는 내재적인 투자위험을 말한다. 간단히 말해, 주식의 위험을 크게 분산 가능한 위험과 분산 불가능한 위험으로 분류할 때, 투자자가 분산투자를 해도 시장에서 발생하는 후자의 위험이다. 체계적 위험은 개별 투자가 아니라 시장전체의 변동위험이며, 이에 영향을 미치는 요인은 경기변동, 인플레이션, 경상수지, 사회정치적 환경 등 거시적 변수들이다. 이에 반해 비체계적인 위험이란 증권 시장 전체의 변동과는 무관하게 기업 고유의 변동요인에 따라서 발생하는 위험이다. 예를 들어, 비체계적 위험은 생산제품의 라이프사이클, 조업상황, 노사갈등, 자금사정 등과 연관된 상황에 기인한다. 주식시장의 경우, 체계적인 위험은 주식시장의 전체 종목에 미치므로 리스크를 감소할 수 없지만, 비체계적인 위험은 구성 주식수가 증가하면 감소하는 경향이 있다. 따라서, 분산투자가 가능한 상황 하에서는 비체계적 위험보다는 체계적 위험을 투자의사 결정변수로 고려하게 된다. 이 책의 맥락에서는 현재 금융위기가 체계적 위험의 성격을 띤다는 말이다.]

캐리트레이드(Carry trade)

이는 이자율이 낮은 국가, 특히 일본 등에서 자금을 차입하여, 예컨대 브라질이나 러시아처럼 금리가 높은 국가에 대출하여 [차익을 실현하는 국제 거래] 기법이다. [대표적으로는 엔캐리 트레이드Yen Carry Trade가 있다. 이는 사실상 제로 금리에 가까운 일본의 엔화를 빌려 제3국의 금융상품에 투자하는 방식이다. 이때 투자자는 일본에서 통용되는 금리와 다른 나라의 금리 차이만큼의 수익을 얻게 되며, 차입금의 금리가 낮기 때문에 이자를 지급하더라도 비교적 높은 수익을 올리게 된다.]

콘듀잇(Conduit)

일반적으로는 특수목적회사, 혹은 유동화전문회사로 알려져 있다. 일반적으로 콘듀잇은 금융기관이 특수한 목적을 위해 설립한 회사와 관련된다. 예를 들어, 부동산대출을 금융증권화할 때, 은행은 자신이 보유한 부동산대출 자산을 해당 목적에 맞추어 설립한 "특수목적회사"에 양도하며, 이러한 거래를 바탕으로 새로 설립된 회사는 유동화채권을 발행한다. 여기서 핵심적인 사안은 콘듀잇과 모회사가 공식적으로 무관하다는 것이다. 그렇지만, 통상적으로 콘듀잇은 모회사의 일부로 인정되고 있으며 콘듀잇의 결산 또한 모회사에 통합되어야 한다. 따라서, 리스크 이전과 자본요건의 분산이 무한정 자유롭지는 않다. 마침 (2007~9년처럼) 유동성 위기가 발생해 은행들이 스폰서 은행의 신용 공여에 의존하게 되면, [모회사가 콘듀잇의 활동을 보장하기 어려워져] 이러한 [모회사와 콘듀잇의 외관상] 분리는 감소하게 된다.

특수목적회사(Special Purpose Vehicle, SPV)
콘듀잇 항목을 참조하기 바란다.

파생상품(Derivatives)
두 계약자 사이에 체결된 금융계약이다. 파생상품의 가치는 기초 자산의 가치 변동을 바탕으로 한다. [간단히 말해, 상품 가치가 기초자산의 가치 변동으로부터 파생되어 결정되기 때문에 '파생상품'이라 이름 붙여졌다.] 기초 자산은 (주식, 채권, 금리, 환율, 주가지수와 같이) 금융적 성격을 띤 상품이거나

(천연자원이나 [농축산물]과 같은) 실물 자산일 수 있다. [위에서 간략히 언급한 신용부도스왑은 대표적인 파생상품이라 할 수 있다. 또한 파생상품은 다른 파생상품을 기초자산으로 삼아 발행되기도 한다(옵션선물, 선물옵션, 스왑옵션 등). 교과서적으로 설명하면, 파생상품은 금융시장 참가자에게 위험을 분산할 기회를 제공함으로써 위험 선호도에 따라 자산을 구성할 기회를 제공한다. 위험 회피자는 자산이나 부채의 가치 변동에 따른 위험을 회피할 수 있고, 반대로 위험을 선호하는 투자자는 이러한 변동을 예측함으로써 이익 획득 기회를 엿볼 수 있다. 그렇지만, 실제 금융시장에서는 파생상품 자체에 대한 투기가 성행하고 있으며, 게다가 리스크는 체계적으로 과소평가되는 경향이 있고, 금융회사는 리스크를 관리하지 않은 채 파생상품을 무분별하게 생산, 유통하고 있다.]

패닉(Panic)

폴 크루그먼을 인용해보자. "때때로 패닉은 그냥 미친 짓을 말한다. 투자자가 보이는 비합리적 반응은 멀쩡한 정신으로는 전혀 설명되지 않는다." 이럴 경우, 멀쩡한 사람은 단지 미치지 않았다는 이유로 보상을 얻을 수 있다. "그렇지만, 경제적 영역에서, 계기가 뭐든지 간에 패닉이 발생하면 그것은 걷잡을 수 없이 스스로 강화된다. 이 사실은 매우 중요하다. 고전적 사례로, 현금인출 사태를 들 수 있다. 사람들이 동시에 예금을 인출하게 되면, 은행은 자산을 헐값으로 처분할 수밖에 없고 결국에는 파산하게 될 것이다. 이렇게 되면, 정신 줄을 놓아버린 사람들에 비해, 멀쩡한 사람들이 더 많은 손해를 입게 된다."

헤지펀드(Hedge fund)

전혀 규제되지 않는 펀드로서, [고수익을 노리지만 투자위험도 높은 투기성자본이다. '헤지'란 본래 위험을 회피 분산시킨다는 의미이지만 헤지펀드는 위험회피보다는 이를 활용한 투기적인 성격이 더 강하다.] 헤지펀드는 주로 "공매도"short selling와 "공매수"go long 방식으로 운용된다. 공매도空賣渡는 앞으로 시장 가격이 하락할 것으로 미리 예상하고 자산을 파는 것이다(다만 운용규칙에 따라 다른 종류의 펀드들은 공매도 거래를 할 수 없다). 반대로 공매수空買受는 자산 가격 상승을 예상하고 투기하는 방식이다. 헤지펀드의 자산은 규제가 허용하는 모든 상품에 투자될 수 있다. 이에 따라, 헤지펀드는 단타 매매를 행하고 있으며, 게다가 리스크의 억제 및 분산과 관련된 모든 건전성 규칙을 벗어난다. 헤지펀드의 목적은 시장에서 인정된 상품들 중에서, 어쨌든 가장 높은 수익을 올리는 것이며, 이때 투자 지역이나 금융 기법 측면에서 전혀 제한받지 않는다. 특히, 헤지펀드는 파생상품을 매우 광범위하게 활용하고 있다. [이처럼, 헤지펀드는 파생금융상품을 교묘히 조합해 도박성이 큰 신종상품을 개발하여 국제금융시장을 교란시키는 요인으로 지적된다. 잘 알다시피 아시아 국가들이 외환위기에 봉착했을 때, 각국은 외환위기를 초래한 주범이 바로 헤지펀드라고 주장했다. 이 밖에도 헤지펀드가 문제를 일으킨 대표적 사례로, 1998년 미국의 대형 헤지펀드 롱텀캐피털매니지먼트 LTCM가 일으킨 파산이 있다. LTCM은 파생금융상품 투기로 러시아, 중남미 등에서 막대한 손실을 입고 위기에 몰렸으며, 미국 뉴욕 연방준비제도이사회는 아시아 국가들에 취했던 자유시장 조치와는 정반대로 금융시스템에 미치는 악영향을 고려하여 35억 달러를 긴급 지원했다.]

옮긴이 후기

이 책은 원래 『위기에 처한 전지구적 경제, 금융시장, 사회적 투쟁, 그리고 새로운 정치적 시나리오』[1]에 서론 격으로 실린 글이다. 다소 두터운 이 편집본은 최근의 금융 위기와 관련한 자율주의자들의 입장이 잘 요약되어 있으며, 조만간 국내에 번역 소개될 예정이다. 크리스티안 마라찌는 여기에 기고한 글을 확장하고 따로 후기를 덧붙여, 『금융자본주의의 폭력』을 펴냈다. 내가 옮긴 한국어판은 2011년 출간된 영어판을 기준으로 했으며 저자의 몇몇 인터뷰를 덧붙였다. 인터뷰를 추가한 까닭은 저자의 작업이

---

1. Andrea Fumagalli, Sandro Mezzadra(edt.), *Crisis in the global economy: financial markets, social struggles, and new political scenarios*, Semiotext (e), 2010.

국내에 전혀 소개되지 않아 보충적인 설명이 필요했기 때문이다. 까다로운 금융 경제 용어에 익숙하지 않다면, 그리고 마라찌의 정치적 입장과 이론적 주장을 확인하려면, 인터뷰를 먼저 훑어보는 게 도움이 될 것이다

내가 이 책을 옮긴 최초의 동기는 마우리찌오 랏짜라또의 『부채인간』을 접하고 나서, 자율주의자들이 현재의 경제 위기를 어떻게 다루는지 궁금해졌기 때문이다. 랏짜라또의 글쓰기가 지나치게 화려한 감은 없지 않지만, 어쨌든 그가 맑스, 폴라니, 들뢰즈, 니체 등을 적재적소에 활용하여 부채와 화폐에 관한 관점을 뒤집을 때, 나아가 신용 불량자, 하우스푸어, 학자금 '푸어'처럼 일상적으로 빚을 지고 살아가는 우리네 심성을 문제화할 때, 개인적으로는 약탈적 금융소비사회를 극복할 새로운 논리를 언뜻 엿볼 수 있었다. 이러한 관심에서, 현대 자본주의의 핵심에 위치한 금융화 현상을 오래전부터 주장한 마라찌의 책은 반가울 수밖에 없었다. 게다가 원문 자체가 짧아 가벼운 마음으로 번역에 착수할 수 있었다.

그런데 글이 짧다고 깊이가 얕지 않다는 교훈을 던져주려는 듯, 번역 작업은 마냥 쉽지는 않았다. 누구나 본문을 읽으면 금방 알겠지만, 그리고 마라찌도 경고하고 있듯이, 가장 커다란 곤란은 오늘날 금융 분야에서 남발되는 전문 용어와 약어에 있었다. 이런 '사투리'를 만날 때마다,

나는 네이버와 위키의 위력을 새삼 실감할 수밖에 없었다. 익명의 네티즌들에게 미리 감사하고 싶다. 또 다른 어려움은 서술방식에 있었다. 이 책은 애초부터 학술적 목표로 작성된 글을 대중적으로 고쳐 썼기 때문에, 독자들이 정치경제학, 철학, 자율주의 등에 대한 기본적 지식을 알고 있다고 전제하고 있다. 게다가, 나 자신이 자율주의 전문가가 아니라 '상식'만을 가지고 있어서, 이해에 어려움을 겪었다. 결국, 나는 내용에 대한 평가는 잠시 유보하고 배운다는 입장에서 이 책을 소화하고 번역할 수밖에 없었다. 그래서 옮긴이의 불가피한 개입과 주석이 생각보다 많아졌는데, 독자들은 이 점을 너그러이 양해 바란다.

크리스티안 마라찌는 안또니오 네그리와 빠올로 비르노, 마리오 뜨론띠 등과 더불어, 초기부터 이탈리아 자율주의 운동에 관여해 온 경제학자이자 활동가이다. 그럼에도 마라찌는 최근에야 다른 언어권, 특히 영어권에 소개되고 있으며, 영어권에는 자율주의자들의 문헌을 편집하여 소개한 것으로 알려져 있다.[2] 문외한의 입장에서 볼 때, 마라찌의 작업은 대체로 정치경제학 안에서 출발하여 맑스주의를 개조하는 것이며, 이러한 노력은 서로 연관된 세

---

2. Sylvère Lotringer, Christian Marazzi(edt.), *Autonomia: post-political politics*, Semiotext(e), 2007.

가지 주제로 요약될 수 있다. 우선 마라찌는 다른 자율주의자들처럼 포드주의 이후의 자본주의를 묘사한다. 예를 들어, 그는 생산과 재생산 영역, 노동자와 소비자의 경계가 소멸되고 모호해진다고 주장한다. 다음으로, 그는 포드주의 이후 현대 자본주의에서 생산보다는 화폐와 가치 실현 문제가 점점 더 중요해진다고 본다. 달리 말해, 오늘날 가치의 생산과 실현에서 경계가 점차 소멸된다는 것이다. 이러한 관점에서 마라찌는 오늘날 자본주의 가치증식이 '금융화'되었다고 주장하며, 이른바 '자본의 소비에트', '자본의 코뮤니즘'을 그 특징으로 제시하고 있다. 마지막으로, 마라찌는 정치경제학의 대전제인 노동가치론 및 가치 측정의 '위기'를 제기하고, 언어와 감정 등 인간의 삶 전체로 가치 척도를 확장해야 한다고 본다. 말하자면, 가치측정에서 노동과 다른 요소의 경계가 모호해졌다는 것이다. 이러한 논의를 마라찌는 자신의 책 『자본과 언어』[3], 『자본과 정동』[4]에서 본격적으로 전개하고 있다. 물론, 이 같은 주장이 다른 자율주의자의 논의와 얼마나 다른지는 앞으로 계속 평가해야 할 문제이다. 그럼에도, 우리는 마라찌의

---

3. Christian Marazzi, *Capital and language: from the new economy to the war economy*, Semiotext(e), 2008.

4. Christian Marazz, *Capital and Affects: The Politics of the Language Economy*, Semiotext(e), 2011.

작업이 자율주의 운동의 일부임을 감안해야 하고 그의 주장이 자율주의 테제들을 오히려 뒷받침했음을 염두에 두어야 한다. 이는 앞으로 소개될 마라찌의 주요 작업들에서 확인될 수 있을 것이다.

앞서도 언급했지만,『금융자본주의의 폭력』은 오늘날 전지구적 경제위기, 나아가 자본주의 위기 일반에는 금융화 현상이 있다고 주장한다. 금융화 현상 자체에 대한 찬반을 떠나, 사실 이 책이 묘사하는 현상과 진단, 예측 — 위기는 낙관적으로 극복되지 않을 것이고 세계 경제는 근본적으로 재편되어야 한다 — 은 우리가 좀 더 익숙한 조절이론이나 급진 케인스주의와 크게 다르지 않다. 오히려 마라찌의 글은 이론적 용어가 많아서 다소 어렵게 느껴지기도 하는데, 독자들은 마라찌 역시 인용하고 있는 미셸 아글리에타의『위기 왜 발발했으며 어떻게 극복할 것인가』[5], 폴 크루그먼의『불황의 경제학』[6]을 같이 참조하는 게 도움이 될 것이다. 그래도 한 가지 언급해 둘 점은 저자가 유럽인, 그것도 현재 위기의 중심에 서 있는 이탈리아 사람이라는 사실이다. 따라서 현 위기에 대한 저자의 체감 강도는 우리와 달리 매우 높다고 할 수 있다. 이는 이 책의 묵시적이고

---

5. 미셸 아글리에타,『위기 왜 발발했으며 어떻게 극복할 것인가』, 서익진 옮김, 한울아카데미, 2009.
6. 폴 크루그먼,『불황의 경제학』, 안진환 옮김, 세종서적, 2008.

파국적인 논조, 그리고 다소 성급해 보이는 전망에서 잘 드러난다.

이 책의 독창적인 기여는 금융의 논리와 포스트 포드 주의를 결합하는 부분에 있다. 마라찌가 보기에, 금융화 과정은 자본이 직접적인 생산과정 외부에서 이윤을 창출 하는 핵심 메커니즘이며, 따라서 금융은 단순히 기생적 역 할을 수행하는 것이 아니라 자본주의의 본질이다. 오늘날 전지구적 포스트 포드주의 아래, 잘 알려진 대로 노동의 가치는 폄훼되고 불안정화된다. 이런 상황에서 케인스주 의를 대체한 역사적 자본주의는 금융화 과정을 통해 새로 운 축적 동력을 창출한다. 간단히 말해, 포드주의 이후 전 지구적 자본주의는 국가와 같은 공적 영역이 아니라 민간 의 사적 부채를 핵심 메커니즘으로 만든다. 이러한 자본은 생산적인 금융과 비생산적인 금융의 경계를 철폐하고, 금 융적 논리를 삶 자체 ― 그리고 언어, 감정 등 인류 보편적인 공통재 ― 에 관철시켜, 단순히 노동이 아니라 삶 전체를 가치 창출에 동원한다. 마라찌는 이처럼 포드주의 이후 금 융이 사회체와 삶에 스며든 자본주의를 생명자본주의라고 칭한다. 여기서, 자본은 금융을 통해 생산 영역이 아니라 교환, 유통, 재생산 영역에서 이윤을 ― 특히 '지대'의 형태로 ― 창출하고 있다. 따라서, 마라찌가 보기에 오늘날 금융 위기는 금융화된 생명자본주의에서 필연적인 결과이며 그

영향력이 삶 전체를 직접적으로 파괴하기 때문에 엄청나게 폭력적인 것이다. 이에 대한 마라찌의 대안 전략은 아래로부터의 사회적 투쟁이 바로 공통적인 삶 자체를 목표로 하여 이를 우리가 재전유해야 한다는 것이다. 우리는 금융자본이나 기득권층을 위해서가 아니라, 장기적이고 생태적으로 공동체 모두가 공유할 수 있는 '공적' 투자에 몰입해야 한다. 좀 더 과격하게 말하면, 우리가 암묵적으로 부채 역시 일종의 사회적 공통재로 간주할 수 있다면, 그래서 부채 자체가 마치 노동처럼 가치를 창출한다면, 우리가 노동자로서 노동의 몫을 요구하듯이, 우리는 빚을 갚아야 하는 채무자가 아니라 공통된 몫을 요구할 수 있는 주체가 될 수도 있다.

물론, 어떤 사람들은 이 책에 서술된 마라찌의 주장들이 모호하고 추상적이라서 받아들이기 어려울 수도 있다. 고백컨대 번역자의 입장에서도 고개를 갸우뚱거린 경우가 없지는 않았다. 아마도 옮긴이의 무지 때문이리라! 그리고, 한 권의 책으로 모든 의문이 해소될 순 없지 않은가? 개인적으로는 앞으로 자율주의 문헌이 국내에 많이 소개되길 바랄 뿐이다. 또한 이 책이 해명하지 못하거나, 자세히 풀어주지 못하는 의문은 마라찌의 다른 글들이 조만간 번역된다면 일정 부분 해소될 걸로 보인다. 아울러,『금융자본주의의 폭력』이 애초에 포함된『전지구적 경제의 위기』가 국내에 소개되면 이 짧은 단행본이 좀 더 균형감을 갖지 않을까 생각된다.

평소에 이탈리아 자율주의자들의 문헌을 접하면서, 자율주의 운동의 공과를 떠나 무척 흥미로웠던 점은 어쨌든 이들이 현장과 현실을 여전히 붙잡고 이론적, 실천적 투쟁을 전개한다는 것이다. 상상력을 발휘하자면, 우리는 '노동해방'을 단순한 구호로 전락시켜 폐기해버렸지만, 저들은 '노동거부'의 씨앗을 '사회적 공장'과 '생명자본주의', '제국'으로 확장하고 어쨌든 미묘한 길을 꿋꿋이 밟아가고 있다. 옛날식으로 말해서, 오늘날 어느 때보다 이론과 실천의 상호작용이 요구됨에도, 우리네 아카데미와 운동은 점점 더 거리가 멀어지는 것 같다. 지금도 한국 사회에서 끈질기게 자신의 길을 개척해나고 있는 사람들에게, 무엇보다도 삶의 현장에서 투쟁하는 모는 이들에게, 이 짧은 글이 도움 되길 바란다. 마지막으로, 능력이 모자란 역자에게 기꺼이 번역을 허락해준, 갈무리 출판사와 출판노동자들에게 진심으로 감사드린다.

2013년 3월

심성보

:: 크리스티안 마라찌 저작 목록

이탈리아어

Il comunismo del capitale. Biocapitalismo, finanziarizzazione dell'economia e appropriazioni del comune, Ombre Corte, 2010.

Finanza bruciata, Casagrande, 2009.

Nuovi bisogni. Nuovo welfare. Analisi dell'evoluzione delle prestazioni sociali in Canton Ticino, SUPSI, 2007.(Spartaco Greppi, Emiliano Soldini와 공저)

La salute flessibile, Salvioni, 2007.(Cinzia Campello와 공저)

Reinventare il lavoro, Ediz. Sapere, 2005.(La Rosa Michele, Chicchi Federic Laville Jean-Louis와 공저)

"Società e new economy", *Sociologia del Lavoro*, Issue 98, 2005, pp. 31-42.

La moneta nell'impero, Ombre Corte, 2002.(Andrea Fumagalli, Adelino Zanini와 공저)

Capitale & linguaggio. Ciclo e crisi della new economy, Rubbettino, 2001.

E il denaro va: Esodo e rivoluzione dei mercati finanziari, Edizioni Casagrande, 1998.

La Svizzera verso un deserto industriale? Ristrutturazioni aziendali, lavoro autonomo e tempo di lavoro, Nodolibri, 1995.(Bruno Strozzi, Sergio Agustoni와 공저)

Il posto dei calzini. La svolta linguistica dell'economia e i suoi effetti nella politica, Casagrande, 1994.

영어

The Violence of Financial Capitalism, Semiotext(e), 2011.

Capital and Affects: The Politics of the Language Economy, Semiotext(e),

2011.

"Dyslexia and The Economy", *Angelaki : Journal of the Theoretical Humanities.* *Sep 2011*, Vol. 16 Issue 3, pp. 19-32.

Capital and Language: From the New Economy to the War Economy, Semiotext(e), 2008

Autonomia: Post-Political Politics, Semiotext(e), 2007.(Sylvere Lotringer와 공저)

"Rules for the Incommensurable", *Substance: A Review of Theory & Literary Criticism*, Vol. 36 Issue 1, 2007, pp. 10-36.

프랑스어

Le socialisme du capital, Éditions diaphanes, 2013

La brutalité' financiére : Grammaire de la crise, Editions de l'éclat, 2013.

"La monnaie et la finance globale", *Multitudes 1/2008 (n° 32)*, pp. 115-126 (www.cairn.info/revue-multitudes-2008-1-page-115.htm)

Antonella Corsani et Christian Marazzi, "Biorevenu et resocialisation de la monnaie", *Multitudes 4/2006 (no 27)*, pp. 37-42(www.cairn.info /revue-multitudes-2006-4-page-37.htm).

"L'amortissement du corps-machine", *Multitudes* 4/2006 (no 27), pp. 27-36(www.cairn.info/revue-multitudes-2006-4-page-27.htm).

Et vogue l'argent, Éditions de l'Aube, 2004.

"À l'ère de la sécurité sociale mondiale", *Multitudes 4/2001 (n° 7)*, pp. 38-50(www.cairn.info/revue-multitudes-2001-4-page-38.htm).

"La révolution dérivée", *Multitudes 2/2000 (n° 2)*, pp. 48-67(www.cairn.in fo/revue-multitudes-2000-2-page-48.htm.

La place des chaussettes, Éditions de l'Éclat, 1997.

독일어

Sozialismus des Kapitals, Diaphanes Verlag, 2012.

Verbranntes Geld, Diaphanes Verlag, 2011.

Fetisch Geld. Wirtschaft, Staat, Gesellschaft im monetaristischen Zeitalter, Rotpunktverlag, 1999.

Der Stammplatz der Socken, Seismo, 1998.

스페인어

El sitio de los calcetines : el giro lingüístico de la economía y sus efectos sobre la política, Akal; Tra edizione, 2009.

"Democracia económica y diferencia", *DUODA: estudis de la diferència sexual*, 2006: Núm.: 30(http://www.raco.cat/index.php/DUODA /article/view/63170).

일본어

『資本と言語 : ニュ-エコノミ-のサイクルと危機』, 人文書院, 2010.

「世界的ガバナンスのキメラ」, 『現代思想』, Vol. 39 No. 3, pp. 130-133. 2011.

「械=身体の減価償却」, 『現代思想』, Vol. 35 No. 8, pp. 52-69, 2007.

:: 본문 내에 사용된 이미지의 출처

속표지 : http://www.flickr.com/photos/dushyk/5008372956

1장 표지 : http://www.flickr.com/photos/spaceshoe/5372030437/

2장 표지 : http://www.flickr.com/photos/sashakimel/6190500784/

3장 표지 : http://www.flickr.com/photos/infomatique/8460462960/

4장 표지 : http://www.flickr.com/photos/daquellamanera/3649487888/

5장 표지 : http://www.flickr.com/photos/fibonacciblue/6980673659/

6장 표지 : http://www.flickr.com/photos/76794441@N06/6886839811/